人生一名

张瑜

西苑出版社
中国·北京

Copyright ©2025 XIYUAN PUBLISHING HOUSE CO.,LTD.,CHINA
本作品一切中文权利归 **西苑出版社有限公司** 所有，未经合法许可，严禁任何方式使用。

图书在版编目(CIP)数据

人生一名 / 张瑜著. -- 北京：西苑出版社有限公司, 2025. 8. -- ISBN 978-7-5151-1093-6

Ⅰ. K810.2-49

中国国家版本馆CIP数据核字第2025T7D076号

人生一名
RENSHENG YI MING

作　　者	张　瑜
责任编辑	辛小雪
责任校对	杨　超
责任印制	李仕杰
开　　本	880毫米 ×1230毫米　1/32
印　　张	7.5
字　　数	181千字
版　　次	2025年8月第1版
印　　次	2025年8月第1次印刷
印　　刷	河北鹏润印刷有限公司
书　　号	ISBN 978-7-5151-1093-6
定　　价	68.00元

出版发行　**西苑出版社有限公司** 北京市朝阳区利泽东二路3号　邮编：100102
发 行 部　(010) 84254364
编 辑 部　(010) 64210080
总 编 室　(010) 88636419
电子邮箱　xiyuanpub@163.com
法律顾问　北京植德律师事务所　17600603461

推荐序 foreword

使起名之事行于正确之道

　　《人生一名》一书即将问世，令人感到欣喜。我本人熟识作者张瑜女士已十多年了，她刚从大学毕业不久，便成为我讲授《周易》及其预测学的助理直至助教。在这数年间，张瑜边学边深造，边实践边提高，其学识大踏步地长进；在其多年不断实践与辛勤笔耕的基础上，终于首发其书《人生一名》，值得庆贺。

　　人生一辈子皆有其姓名，如影相伴，姓名实非人生小事，故人人务必认真处之。每一个人的名字所包含的音意形、象理数、福德禄等，均对其一生有所影响，因此父母对新生儿的起名及个人日后改名、起笔名、网名等都会高度关注。社会上一批起名公司也应运而生，然而良莠不齐，本书的问世对于有起名需求之人有着积极的指导作用。

　　毛泽东主席在其诗词《沁园春·雪》中提及秦皇、汉武、唐宗、宋祖等，他们姓名的含义实在令人赞叹：

　　秦皇者嬴政，嬴（古同赢）得政权也

　　汉武者刘彻，彻即治理开发大汉也

唐宗者李世民，世代为民也

宋祖者赵匡胤，匡时济世也

洪武者朱元璋，诛元之利器也

以上可谓名副其实。

圣人孔子后代的起名，自明朝以降，开始使用由中央政府颁布的字取谱名，并区分家族内部辈分：

希言公彦承，宏闻贞尚衍

兴毓传继广，昭宪庆繁祥

令德维垂佑，钦绍念显扬

建道敦安定，懋修肇彝常

裕文焕景瑞，永锡世绪昌

孔子的 77 代孙孔德成（1920 年出生）、80 代孙孔佑仁（2006 年出生）皆循之，他们名字的精选，可见一斑也。

作者张瑜在其新书中，结合自身多年的大量实践，深入论述了起名的基本要素、起名的技巧、起名的禁忌，这对于社会上人们的需求很有帮助，也有利于社会上的起名公司之参考，以使起名之事行于正确之道。

起好名字，激励人生，创造人生，谱写人生，造福社会！

崔国文
甲辰年乙亥月

前言 *preface*

我们终其一生，都在回答自己的名字

《说文解字》中，对名的解释是："名，自命也。从口，从夕，夕者，冥也，冥不相见，故以口自名。"

意思是说，名字是自己的一个符号。在早期原始社会，晚上天黑了，大家互相看不清楚，于是你给自己一个名字叫阿三，他给自己一个名字叫阿四，大家通过呼唤名字就能识别一个人了。所以，名字最初的功能就是用来被称呼的，这种互动便形成了个人和世界的连接。

我的名字叫张瑜，名字来源于一个非常朴素的取名方式——父亲姓张，母亲姓于，两个姓氏谐音就组成了我的名字。听起来似乎还有些浪漫因素，但这个名字确实在我的成长过程中给我带来了很多困扰。

小学和初中的同学基本都不会好好叫我的名字，永远都是：章鱼、乌贼、八爪鱼、鱿鱼、墨鱼……小朋友开玩笑不讲分寸，年少的我又是内向且怯懦的，所以我一度因为自己的名字感到非常自卑，感觉好像在被周围的同学排挤、歧视。

心态的改变源于上高中的那一年，我在自我介绍的时候，很小声地说，我叫张瑜。全班很自然地哄堂大笑，有调皮的男生直接在下面喊：章鱼哥！但这时候，语文老师说了一句话，她说：瑕不掩瑜，你的"瑜"是很好的美玉，说明你的光彩总会被看见的。

从那以后，我就突然喜欢自己的名字了，我开始意识到，名字的含义是人赋予的，文字里蕴含着无限的能量，我名字的能量就是要做美玉，要发光，我要实现自己的名字，不能辜负它的含义。

后来我上了大学，学习历史，又学习了易学；机缘巧合之下，起名成了我的工作，起名师成了我的身份标签。我开始在社交媒体上获得一些小名气，回望这十余年的工作经历，我又想到老师曾经说的那句："你的光彩会被看见。"我深知，若我真的拥有一点小小的"光彩"，这光彩不是与生俱来的，而是老师对于名字的解读让我有志于给自己的人生增添光彩。

当我们在取名字的时候，我们不是在组合文字，而是在赋予文字以人生的意义。

而当我们拥有一个名字的时候，就如同拿到了一张空白的考卷，需要用一生的选择、经历与成长，不断书写着我们交付给这个名字的答案。

一个叫"志远"的人，未必真的志向高远，但只要他知道自己"心之所向"，无论是热爱研究菜谱，抑或是热爱制作手工，这何尝不是对"志"最诚实的践行？"志远"并不是一定要解读为"抵达功成名就的远方"，也可以解读为"长远地忠于自己的心之所向"。

一个叫"安然"的女孩，未必生来就无忧无虑，但她也会在生活的磨砺中逐渐认识到，"安然"不仅是平安喜乐，更是一种面对风雨时的从容。

名字从来不只是几个字符的组合，而是一道需要用人生去解答的命题。

作为起名师的第十三年，我写下了这本《人生一名》，在这本书里，我分享了过去十三年里积累的构思人名的原则、方法和案例。我深知文字的有限性，也深知自身的局限性，但仍然希望借由我的表达传递一种信念：

名字不是命运的枷锁，而是人生的礼物。

愿你的人生，成为名字最美的注解。

目录 contents

名之基本

01 —— 做减法：放下关于起名的"执念" / 003
02 —— 立规矩：好名字的三个原则 / 008

名之方法

03 —— 从姓氏出发构思好名字 / 015
04 —— 结合父母姓名元素起名 / 030
05 —— 从风格角度构思好名字 / 048
06 —— 从寓意角度构思好名字 / 061
07 —— 让名字来源于经典 / 076
08 —— 让名字来源于诗词 / 103
09 —— 起出别具一格的名字 / 121
10 —— 根据个人的特点起专属名 / 138
11 —— 多孩家庭怎么起名 / 154
12 —— 小名与乳名的构思方法 / 171

目录 contents

名之讲究

13 —— 姓、名、字、号的联系与区别 / 193

14 —— 起名"避雷"、禁忌指南 / 204

15 —— 给自己改名需要注意什么 / 216

后记 —— 名字与人生的奇妙缘分 / 227

名之基本

好名字的构成要素和命名原则

01 做减法：放下关于起名的"执念"

什么是执念？执念就是一些偏执的念头，是一种"非这样不可"的坚持，而把这些"坚持"用在起名中，往往未必是正确的。

执念一：名字分数要高

先问一个问题，你知道为什么 2015 年到 2020 年出生的小朋友，很多都叫子涵、子轩、梓轩吗？

这便是源于第一个执念——"名字分数要高"，因为这一类名字搭配大多数姓氏都能在"名字测试"中打出 95~99 的高分。

2000 年后，网络上给名字打分的风潮涌起。在我初中时期，街边的店铺还有测算姓名的机器，输入名字后，机器会给出一张纸条，上面有一个分数，并伴有看不太懂的词句，作为运势的论断。

不懂原理的时候，我看到这些断语真的是又惊又怕：自己的名字竟然只有 81 分，而且还有各种"风云蔽月"之类的词语。这让十几岁的我为此难过了许久。

很久以后，我自己开始学习国学、易学，才真正弄清楚了"名字测试"的算法逻辑。原来，这是日本人熊崎健翁借用易学的外衣，套用中国"天地人"三才的观念，结合笔画数字创出的一套"五格剖象法"理论，现在也多称之为"三才五格"。

真正了解之后，才知道其理论中有很多不合理之处：

第一，"五格剖象法"最基础的算法是笔画数，且是繁体字的笔画数，而非我们现在常用的简体字。原本我不太理解，为什么一定要把姓名转换为繁体字再计算笔画，后来我恍然大悟，日本引入中国文化时，确实是我们还在使用繁体字的阶段。

第二，当下各网站推广"名字测试"时，都宣称其理论依据来自《周易》，然而，详读《周易》，里面却从未有与"五格"相关的内容，《周易》更多的是教会我们为人处世的日常道理。

第三，"五格剖象法"只考虑笔画，不考虑字义，更不考虑个体差异。测试之下，"茅厕"的分数高达99.5分，而"李白"却只有75分。试想，如果一个人的名字不关乎其音、形、义等相关条件，仅靠分数高，又怎能称得上是一个好名字呢？

第四，由于"名字测试"所导致的子涵、梓轩大流行，很多小朋友读书之后发现班里同名的同学太多，只觉得尴尬，实在感受不到这名字到底有怎样的"好处"。

整体来说，给名字打分既不属于姓名学，也不属于传统易学，是后人自行编纂而成的，缺乏时间的检验，也不具备实用性，仅具娱乐价值。目前关于"五格剖象法"的词条释义也明确标注了其缺陷性与诱导性，对于一个名字来说，这种分数真的没那么重要。

放下关于起名的第一个执念，你才能真正开始思考，对于名字来说，重要的究竟是什么。

执念二：缺什么，补什么

生活中，我们经常遇到名字中带有森、焱、垚、鑫、淼、燚这些字的人。每当遇到起这类名字的人，我都忍不住多问一句，为什么用这个字作为名字？

得到的答案往往是——我五行缺"木"／缺"火"／缺"土"／缺"金"／缺"水"……这其中，缺"金"的人最喜欢用"鑫"字，因为他们还有一个理念——金就是钱，补金就是补财。

其实，这也是一个错误的执念，因为你所补的，未必是你真正需要的。

例如，文竹这种植物喜阴凉，不喜被阳光直射，而如果你只想到"万物生长靠太阳"，便得出结论：这文竹命中缺"火"，必须给它搬到太阳底下去补"火"，那结果就是，没晒两天，文竹叶子就会发黄，然后死掉。

以此引出一个非常简单朴素的道理——你补了它根本不需要的东西。你强行补上的，反而对它不利。

中国文化中最讲究"和"文化，亦即"中庸"，凡事"过犹不及"，如果能用此类字组合成寓意、字形、字音皆美的名字，此类字自然可用。但如果只是出于"补"的目的，还是不要过于执着，不然很可能越"补"越错。

执念三：必须与众不同

适当追求名字的与众不同，并没有错，每个人都是独一无二的个体，自然希望自己的名字也能与众不同。

但不要追求得太过极致。我国人口超 14 亿，历史上也有不计其数的名人，但常用的汉字只有 3500 个。如果碰巧还是张、王、李、赵这种大姓氏，想以常用字取出完全不重名的名字，难于上青天。

现在，网络上常有新生儿的名字因过于独特而上热搜，诸如王者荣耀、谢主隆恩、黄蒲军校。这类名字确实与众不同，但大众对此的评论却大多倾向于负面。过于标新立异又内涵不足的名字，只会让孩子成为被取笑的对象，给孩子的成长增添无数烦恼。

曾看过一则央视关于名字的公益广告——《名，记我们从哪儿来》，一位叫张伟的男士说："全国有 30 多万个张伟，但是在我妈眼里，只有我一个。"

从生命降临时起，我们就已经成为独一无二的个体，为什么又一定要追求名字的独一无二呢？一个人是否能够被他人记住，靠的不是名字，而是你的为人，以及你做了哪些被人记住的事。

我们记得很多历史名人的名字，以为那是独一无二的，如卫青、霍去病、李白、苏轼……但其实，从古至今有很多人和他们同名。只是他们留下的不是一个名字，而是他们的功绩、思想、人生经历……

名字是一个符号，一个有力量的符号，它最初是父母给的，饱含着父母的期待，无论是"家和"还是"国庆"；它也可以是自己给自己取的，包含着自己的志趣、理想，比如"放翁""易安"。

你无须在意它是不是足够独特，你只需要在意，它是不是符合你的志趣和风格。

独特的名字带来的是短暂的惊艳，而精彩的人生才能让他人长久记得。

执念四：名字一定要完美

做起名师的生涯中，我遇到过很多迟迟定不下宝宝名字的家长，究其原因，都是想要让名字的各方面完美：要大气，要独特，要寓意平安，要寓意学业好，要寓意事业好，要旺父母，要出自诗词，要平仄相间，要字形和谐，要常用字，要一眼惊艳，要一看就能记住，要有文化底蕴，要和父母的名字有关联……

名字，除去姓氏，通常只有1~2个字，要在1~2个字之间体现这么多含义，达到这么多标准，的确很难做到，不能说完全不可能，只能说可遇而不可求。

"一阴一阳之谓道"，世上任何事都没有绝对的完美，这道理每个人都懂，但到了起名的时候，尤其是给自家孩子起名的时候，就很容易陷入"既要，又要，还要"的思维陷阱里。

人们对于名字的评价，往往是主观的、感性的。如"大气"，有人认为"凌山"的"会当凌绝顶，一览众山小"是大气，也有人认为"海月"的"海上生明月，天涯共此时"才是大气。再如"独特"，有人认为"宝玉"此名最是独特，也有人认为此名十分土气，只不过有个《红楼梦》的光环而已。

因此，所谓"完美的名字"就是一个伪命题，因为并不会有一个人人称赞、完美无缺的名字存在。

名字和人是互相成就的。有人认为"李世民"名字极好，经世济民，一代贤君。但事实上，从古至今，与李世民同名同姓者不计其数。

名字只是一个名字，名字也不只是一个名字。没有任何一个名字是完美的，而我们要做的，是用我们的一生给自己的名字添加色彩，让它在人们的心中成为一个"好名字"。

02 —— 立规矩：好名字的三个原则

对于名字，我们不必强求十全十美，但总有一些通用原则，可以从字音、字形、字义的角度保证一个名字的基本面。下面提出的三个原则，可以作为好名字的基本判断标准。

原则一：读音顺畅，无不雅谐音

人的名字首先是被称呼的，因此在字音选择上，要注意以下几点。

1. 避免相同的声母、韵母相连

如汪文威、刘凌霖。

这样的名字读起来，发音粘连，除非一字一顿，否则很难读清楚。

2.— 避免整体的声调相同

如柳景选、曾晶湘。

此类名字,音调毫无变化,没有起伏,读起来较为乏味。

3.— 避免负面谐音

如吴知、韩渊。

谐音无知、含冤,这类名字从字面上看不容易发现问题,但是读起来就会有不好的音律联想,间接带来负面影响。

总之,名字的音律讲究抑扬顿挫,如高渐离、柳如是、刘禹锡等,平仄相间,比较有韵律感,读起来也比较顺畅好听。

原则二:字形均衡,搭配要和谐

好名字的字形要均衡,避免笔画太简或太繁。近些年来,似乎是厌倦了对名字的反复思量,很多人都直接起名叫"一一"。这样的名字过于简单,给人一种单调乏味的感觉,缺乏内涵与想象力,尤其是和一些姓氏搭配时。如有熊姓家长给孩子取名"熊一一",由于姓氏的笔画较多,"一一"放在后面,显得头重脚轻,不够和谐,一眼看去还以为是"熊"字后面加了个破折号。

名字太简单会显得单调,但笔画太多,又会显得十分臃肿。如"董懿馨",虽然它寓意很好,但让人觉得过于厚重,且写起来费时费力。相比之下,像"熊安生""董仲舒"这种名字,繁简搭配适中，看起来比较和谐。

因此，起名时，在字形方面要讲究左右均衡、疏朗有致，同时也要注意繁简搭配，保持整体的平衡稳定，形态上的搭配和谐。

原则三：名有内涵，经得起推敲

起名先立意，无意难起名。好的名字发端于构思，而好的构思则主要体现在形象、情感、寓意这三方面。当你看到或听到一个名字时，就像这个人站在你面前一样，会给你一个直观的印象。

1. 形象

有些名字，看到便会让你觉得有美感、有画面感，比如，"温庭筠"是温柔月色下的庭中之竹，"周芷若"是散发着幽香的香草。这就是名字给人的形象感，让人有很多的想象空间。

2. 情感

情感的种类有很多，乐观、悲观、义气、率真……有些名字看上去也给人一种直观的情感性。比如"白乐天"，出自《周易·系辞上》"乐天知命，故不忧"，体现的是一种乐观大气的情感。再如"张恨水"，取自南唐后主李煜的《相见欢·林花谢了春红》"自是人生长恨水长东"，体现的是一种悲观无奈的情感。虽情感不同，却都值得仔细地推敲琢磨。相比之下，像"钱多""王者"这样直白又缺乏情感的名字，就显得略逊一筹。

3. 寓意

简而言之，寓意就是你想通过名字传达怎样的价值观，寄托怎样的思想。如"行知"是儒家"知行合一"思想的体现；"若谷"是道家谦恭自守思想的体现。对于寓意的构思将在后文详细说明，此处暂不赘述。

以上就是关于好名字的三大原则，下章，我们将对起名思路展开具体的讨论。

名之方法

好名字的
底层逻辑和基本技巧

03 — 从姓氏出发构思好名字

姓名，先姓后名，起名之时，不能只孤立地考虑名字，首先要考虑的是名和姓的搭配。

很多人都喜欢"鱼玄机""白敬亭""柳如是"这一类名字，也想起个用字简单却能一眼惊艳的名字，但若直接照搬，只替换姓氏，诸如"张敬亭""马如是"，怕是也难以让人耳目一新。当然，并不是说张姓、马姓就起不到好名字，大姓起名也可以独特、出彩，如"张大千""马行川"，只要搭配得当，都能起出自己的风格来。

只是，确实有很多姓氏是需要格外花心思去构思的。就像"建国"这个名，"王建国"听起来比较有年代感，"厉建国"听起来就比较精明帅气了。再如"子涵"这个名，"李子涵"就觉得是"00后"的常用名，可若换成"穆子涵"呢，似乎就多了些文静雅致的气质。

诚然，拥有一个特别的姓氏，想起出一眼惊艳的名字的确会容易很多，但绝大部分人的姓氏都是常见姓氏，不必因此而懊恼。

起名的思路多种多样。从起名的角度看，姓氏大致可以被归为以下几类：本身具有丰富含义、谐音美好、出自经典、字形独特、读音别致、复姓。接下来，我将根据姓氏的类别，给出针对性的起名思路。

结合姓氏本义

近年来常有姓氏"赢在起跑线上"的说法，如白、夏、蓝，再普通的名字，搭配这几个姓氏，也有了美感。像姓氏自带有一定含义或者意蕴的，可以营造出丰富的画面感和美好的意境，让人自然而然地联想到相关的字词，起名结合这样的姓氏，好名字就在眼前了。

1.— 夏姓

夏，四季之一，直观上给人一种骄阳烈日的灼热感，若想让名字有舒适、美好的感觉，可以结合清凉、微风、明月等要素。起名参考：

| 夏微凉 |

出自宋代杨万里《夏夜追凉》："竹深树密虫鸣处，时有微凉不是风。"

名字就有了一种夏日微风徐来的舒适感，以此为名，也寓意人生的境遇美好，闲适无忧。

| 夏疏萤 |

出自宋代朱淑真《菩萨蛮》："起来临绣户，时有疏萤度。"这是一个灵动且富有画面感的名字，能令人联想到夏季的夜晚，星星点点的萤火在空中闪烁，忽明忽暗的模样，宁静又浪漫，让燥热的

夏季多了一些趣味和美好。

2.— 杨姓

起名参考：

| 杨柳依依 |

出自《诗经·小雅·采薇》："昔我往矣，杨柳依依。今我来思，雨雪霏霏。"

一位杨姓父亲，借鉴《诗经》给女儿起了这个名字，一时惊艳众人。

该名字很巧妙地结合了姓氏"杨"本有的寓意，又多了一些勇敢，选择了普通人一般不会去用的四字名，组成了一个很有意境的名字。

3.— 白姓

作为一个有颜色属性的姓氏，"白"给人一种纯洁、明亮感。起名参考：

| 白未染 |

再次强调了"白"的纯净，有着一尘不染的清雅与高贵，超尘脱俗，别致出众。

| 白知墨 |

巧用对比手法，"白"与"墨"构成一对反义，让人联想到太极阴阳，哲理意味十足。

4.— 石姓

起名参考:
| **石若瑾** |
瑾为美玉,名字意为像美玉一样的石头。

5.— 叶姓

起名参考:
| **叶蔚然** |
出自唐代柳宗元《永州八记·袁家渴记》:"有小山出水中,皆美石,上生青丛,冬夏常蔚然。"蔚然是草木茂盛的意思,结合叶姓,给人枝叶繁盛绵延的感觉。

总之,如果姓氏自带含义,一定要好好利用。我整理了一些具有氛围感和意蕴的姓氏,并且给出相应的名字,相信大家可以举一反三,起出好听且独特的名字。

林:林疏月、林枫晚、林溪前、林知深、林际远。
阮:阮听弦、阮闻歌、阮语依、阮名咸、阮识音。
苏:苏渐青、苏梦醒、苏昭立、苏易暖、苏云天。
展:展笑颜、展羽成、展图南、展明意、展心欢。
顾:顾盼儿、顾伊人、顾倾城、顾之影、顾念昔。
冷:冷霜月、冷知暖、冷不凝、冷如清、冷硕风。
云:云天明、云自白、云小绵、云轻尘、云鹤飞。
汪:汪泠然、汪堃洋、汪如清、汪蓝浠、汪许深。
柳:柳如烟、柳知词、柳若风、柳含情、柳湾湾。

蓝：蓝蔚然、蓝天朗、蓝空湛、蓝洁熙、蓝菘玥。

巧用姓氏谐音字

有些姓氏的本义未必丰富，但是它的同音字或谐音字却可以展开很多联想。

比如电视剧《我是余欢水》的主人公余欢水，名字巧妙地把"余"化作了"鱼"，寥寥几字便勾勒出了极其生动的鱼儿欢快戏水的画面，名字好记又独特。

1.— 董姓

董姓较难起出具有画面感的名字，而利用其谐音字"懂"，搭配勉励、劝诫的字词，便可以起名。起名参考：

| **董惜时** |

寓意懂得珍惜时间，抓住机遇，成就自我。

2.— 周姓

"周"与舟、洲、州几字同音。如果由周字本义想不到合适的搭配，可以转换角度，联想描写一叶扁舟、九州四海等相关诗句。起名参考：

| **周寄北** |

出自南北朝《西洲曲》诗句"忆梅下西洲，折梅寄江北"。诗句中"周"与"洲"同音，"思念西洲，折梅北寄"意境全出。

3.— 何姓

除了本有的疑问词含义，还有"荷""河"这样的同音字寓意可以选择。起名参考：

| 何听雨 |

出自宋代陆游《洞庭春色》词句"闲听荷雨，一洗衣尘"，把荷花描写得仿佛有生命一般，作为名字亦是温婉细腻、文艺脱俗。

4.— 秦姓

以其为朝代名，自然可以起出像"秦朝""秦时月"（"秦时明月汉时关"）这样姓、名一体的名字。另外，"秦"音同"勤"，也可以起出"秦如心"（"勤心到处自如然"）这样优雅自持的名字。

总之，用好这个方法，你会发现：自己的想象力原来如此丰富，名字的解读可以这么充实；而且起名这件事也有章可循，能够给自己带来这么多的乐趣。我整理了一些常见姓氏的谐音字，可以根据谐音字展开联想，再去构思名字。

赵姓：照、兆、召、肇、昭。

钱姓：前、潜、乾、虔、千。

李姓：里、礼、理、鲤、笠。

郑姓：正、政、征、铮、筝。

冯姓：风、逢、峰、枫、峯。

陈姓：臣、忱、晨、辰、尘。

韦姓：围、维、唯、惟、玮。

秦姓：勤、琴、钦、沁、芩。

沈姓：慎、深、审、莘、燊。

金姓：瑾、今、津、衿、锦。

朱姓：珠、株、诸、逐、铸。

潘姓：攀、盼、畔、泮、磐。

袁姓：沅、圆、缘、原、元。

彭姓：鹏、蓬、朋、澎、芃。

范姓：泛、帆、繁、梵、凡。

结合姓氏，引经据典

有些姓氏找不到合适的谐音字，还有另外一个思路：引经据典。找到与姓氏相关的典故或者诗句，从中起名，更能获得姓、名一体的好名字。

1. 关姓

著名画家关山月，名字出自唐代宋之问（一作唐李峤）《咏笛》："关山孤月下，来向陇头鸣。""关"字的本义，为关闭、开关。但若站在更高的视角，想到嘉峪关、山海关，就能想到很多被诗人描写过的边塞诗句。从狭义的"开关"发散到"关口、关隘"，起出的名字就带了一种辽阔、大气的感觉，和"山月"结合，又能营造出"清冷的月亮挂在夜空中，下方山脉绵延起伏"的画面感，让人一眼难忘。

2.— 黄姓

黄，颜色之一，对于女孩子来说，可以取出具有自然风格的名字。起名参考：

| **黄幼薇** |

含苞待放的黄色蔷薇。

| **黄柳裳** |

鹅黄嫩柳。

此外，可以取意带有"黄"字的诗词典故。起名参考：

| **黄笑臣** |

出自唐代李白《九日龙山饮》："九日龙山饮，黄花笑逐臣。"

寓意洒脱豪迈，不管人生之途遇到什么，都有以笑面对、一笑了之的豁达、潇洒。

3.— 孟姓

孟字本义是同辈中最长的，泛指第一，虽然可以采用同音字"梦"去构思名字，但无非能起出"孟圆"（梦圆）、"孟成"（梦成）等名，想要更为独特一些的，还是要参考含"孟"字的诗词典故。起名参考：

| **孟慈竹** |

出自唐代贾弇《状江南·孟夏》："江南孟夏天，慈竹笋如编。"

寓意端庄大方，举手投足尽是优雅，颇有大家闺秀的风范，慈故能勇、坚韧如竹。

在此思路之下，我整理了一些常见姓氏的诗词典故，以及对应的名字，可以用作参考。

张姓：庐山秀出南斗傍，屏风九叠云锦张。——【张云锦】
徐姓：莫听穿林打叶声，何妨吟啸且徐行。——【徐且行】
吴姓：秋风起兮木叶飞，吴江水兮鲈正肥。——【吴秋叶】
杨姓：杨花落尽子规啼，闻道龙标过五溪。——【杨闻溪】
许姓：问渠那得清如许，为有源头活水来。——【许清如】
谢姓：暖气潜催次第春，梅花已谢杏花新。——【谢潜春】
曹姓：好著丹青图画取，题诗寄与水曹郎。——【曹丹青】
田姓：沧海月明珠有泪，蓝田日暖玉生烟。——【田沧月】
叶姓：梅花楼头立晴雪，松叶亭根听夜雨。——【叶松亭】
魏姓：何处未春先有思，柳条无力魏王堤。——【魏有思】
李姓：文翰共推唐李峤，功名将踵汉韦贤。——【李文翰】
贾姓：宣室求贤访逐臣，贾生才调更无伦。——【贾宣臣】
莫姓：时人莫小池中水，浅处无妨有卧龙。——【莫小池】
凌姓：时人不识凌云木，直待凌云始道高。——【凌云木】
付姓：定与鹿门同出处，不妨杯酒付清歌。——【付清歌】
马姓：胡骄马惊沙尘起，胡雏饮马天津水。——【马惊尘】
任姓：惟有绿荷红菡萏，卷舒开合任天真。——【任天真】
向姓：众芳摇落独暄妍，占尽风情向小园。——【向小园】

读音特殊的姓氏

有一类姓氏，读音特殊，在起名的时候一定要留意。若名字含义好得太直白，结合特殊的姓氏读音，就会变成否定的意思，如吴富贵、贾富贵、梅富贵……

因此，起名字，不能只看其用字和美观度，一定要多读、多念，仔细检查有无不好的谐音或者联想，尤其是以下姓氏：吴、莫、贾、梅、卜、史、朱……面对这几个姓氏，即使作为一名专业起名师，我在起名的时候都需要反复去考量。不过，此类姓氏起名也是有技巧的，以下将通过吴姓来做个说明。

吴，和"无"字同音，是"没有"的意思，所以给吴姓起名，可以参考以下思路。

第一，不要起寓意太正面积极的名。太直白的好寓意会被姓氏否定掉，因而，反其道而行之，可以采用中性字，甚至有一点负面寓意的字眼，比如"染非"，"染"与"非"的含义皆有点负面，但结合姓氏，"吴染非"，很容易让人理解到"没有沾染是非"的含义，十分特别。所以，即使姓氏字义有否定意思也不要紧，只要利用好，一样可以起出合适的名字。

第二，要起有意境感、画面感的名。这个方法是通用的，不管是面对有负面含义的姓氏，还是容易产生谐音的姓氏，起名的时候要尽量去营造氛围和画面感，这样才基本不会出错。比如"吴锦风""吴月遥""吴玄黎"，此景物、意境类的名字，清雅、美好，与姓氏相连也无不好的联想，成功地中和了姓氏的特殊读音。起名参考：

| 贾亭西 |

出自白居易《钱塘湖春行》："孤山寺北贾亭西，水面初平云脚低。"

| 史今安 |

史和今是一组对比，凸显过去、现在、未来，均能平安顺遂。

| 卜梦归 |

出自刘得仁《送友人下第归觐》："君此卜日行，高堂应梦归。"

第三，用一个字搭配姓氏，再结合虚词起名。吴姓搭配一个"南"，结合虚词"兮"，即为"吴南兮"，名字文艺大方，读音上体现出"没有难事"，化否定为吉祥。若为吴姓搭配一个"羡"字，结合虚词"之"，即为"吴羡之"，古有"坐观垂钓者，徒有羡鱼情"，但此名却反其意，指不必羡慕他人，自是本自具足，名字读音也流畅动听，颇有雅致格调，独特好记。

同样，这三个方法也适用于其他特殊姓氏，按照这种思路起名，高难度的姓氏也可以起出惊艳的名字。

以下为特殊姓氏可以参考的名字。

吴姓：吴婉兮、吴忧时、吴染尘、吴镜飞、吴清烟。

莫姓：莫羡鱼、莫疑秋、莫厌离、莫轻言、莫忘欢。

贾姓：贾松影、贾怀希、贾闻空、贾暮含、贾坤池。

梅姓：梅傲雪、梅知馥、梅小沅、梅绛宜、梅映寒。

卜姓：卜青书、卜曼舟、卜南山、卜岁秋、卜云深。

史姓：史书程、史明见、史轻舟、史安愉、史经纶。

朱姓：朱颜笑、朱清梦、朱云雀、朱启含、朱临溪。

复姓

复姓的来源较多，从官名而来的，如太史、巫马、乐正等；以封邑命名的，如令狐、羊舌、段干等；由居住地而来的，如东郭、南郭和闾丘等；由职业而来的，如漆雕等；也有如公良、公羊和颛孙等由先祖名字而来的，如公孙、仲孙是由爵系而来，叔孙是由族系而来；源于少数民族改姓的，如拓跋、尉迟、万俟等；也有由物品名称而来的，如谷梁，甚至有赫连这样自创的姓氏。

2021年2月，公安部户政管理研究中心发布《二〇二〇年全国姓名报告》，其中"欧阳"是第一大复姓，有111.2万人。其他常见复姓有：上官、皇甫、令狐、诸葛、司徒、司马、申屠、夏侯、贺兰、完颜、慕容、尉迟、长孙……

不过，近年来也有这样一种现象，即分别取父母的姓氏，结合起来作为孩子的新姓氏，相信大家在生活中也遇到过，此种可以称为"新式复姓"。比如，父姓周，母姓杨，宝宝的复姓为"周杨"。

对于复姓来说，姓氏本身已经足够独特，因此复姓起名更建议使用常见字、常用词。读音方面，名字尾字读音尽量避开上声，尤其是四字名；其次注意复姓尾字与名字的搭配，比如司马、令狐，尽量避开 tí、sī 等音。

以下为几大复姓搭配的名字，可供参考。

上官：上官倾、上官鸣、上官如意、上官洵之。

皇甫：皇甫盈、皇甫冲、皇甫千赫、皇甫正琦。

令狐：令狐萧、令狐尊、令狐梦希、令狐茗安。

诸葛：诸葛昀、诸葛宁、诸葛岁颜、诸葛跃驰。

司徒：司徒煜、司徒铮、司徒恺然、司徒少晨。

司马：司马卿、司马遥、司马临风、司马逍易。

申屠：申屠悦、申屠昕、申屠念澄、申屠以柠。

夏侯：夏侯渊、夏侯伊、夏侯一恬、夏侯云川。

贺兰：贺兰音、贺兰暄、贺兰晴舟、贺兰欢雀。

完颜：完颜梦、完颜硕、完颜鹿荞、完颜婧棠。

慕容：慕容昭、慕容哲、慕容傲凡、慕容知含。

尉迟：尉迟熙、尉迟芊、尉迟黎音、尉迟松亭。

长孙：长孙诚、长孙熠、长孙赫尧、长孙宛妤。

拆解姓氏，直接使用

1.— 邢姓

可以拆解"邢"字为：开、邑[1]。起名参考：

| 邢开邑 |

名字简约大方又不失独特，给人一种开阔之感，有开创之意，非常适合男孩子。

2.— 聂姓

可以拆解聂字为：耳、双，亦可替换为同音字。起名参考：

| 聂尔霜 |

名字有清冷别致之感，寓意气质脱俗，卓尔不凡，是一个能够给人留下深刻印象的名字。

此种方法对于姓氏的要求更高一些，仅作为思路的拓展和补充，以下为一些可以拆解的姓氏，以及相应的名。

雷姓：雨田、雨恬、羽甜、屿田。
杨姓：木易、睦意、木熠、沐邑。
胡姓：古月、古岳、谷玥、谷悦。
舒姓：舍予、舍瑀、舍与、舍语。
董姓：芊里、千里、芊礼、千理。

---

1. 阝（右），汉字偏旁，读音为yì，同"邑"，俗称"右耳旁"。

霍姓：雨佳、屿家、羽葭、语迦。

季姓：子禾、籽合、紫和、梓妹。

拆解姓氏字形，搭配重组

这个方法与姓氏本身的关联性相对较弱，但也是一种可使用的方法。

1.— 狄姓

"狄"，左右结构，右半部分为"火"，起名可以搭配上下结构的字，使字形有所变化；或搭配带有"火"的字，与"狄"呼应。

起名参考：

| 狄灵悦 |

"灵"字含"火"，搭配"悦"字，有灵动聪慧、喜乐无忧的感觉。

2.— 茅姓

起名参考：

| 茅青野 |

茅、野均含"予"字。有野外茅草青青，充满繁荣与生机之感，寓意健康成长，未来可期。

3.— 江姓

起名参考：

| 江空澈 |

(江、空均含"工"字)，有碧空如洗，江面空旷无舟，水面平静之感，情景交融，寓意内心澄澈。

总之，一个人的姓氏，对于名字整体来说，既是核心出发点，也是非常宝贵的资源。首先，起名字的时候，不要只关注名字好听或好看，更要看名字和姓氏搭配出的整体效果，万万不能只关注局部而忽略整体。其次，不同姓氏有着适合自己的起名方法，最终的落脚点仍在于姓氏本身。从这个根本出发，结合上述技巧和方法，拓宽思路，相信你也能起出和姓氏有所呼应的好名字。

04 结合父母姓名元素起名

孩子是父母爱情的结晶。很多家长,尤其是年轻一代的父母,都很喜欢这种起名思路——结合父母的姓名元素为宝宝起名。

现代社会的多数家庭已经不再拘泥于随父姓、按辈分字起名这些传统原则,而会选择让孩子使用父姓＋母姓组成的"新复姓",如张陈××、许高××、刘赵××等。二孩家庭很多会选择一个随父姓,一个随母姓。有些父母为了让孩子的名字更好听,甚至会选择使用孩子奶奶或孩子外婆的姓氏。一个孩子的出生,代表着两个家族的延续,父母想要在孩子的名字中留下属于自己的印记也是很自然的想法。

我的名字"张瑜"也是取自一段炽热的感情。据说,在我出生时,我的父亲曾经搜肠刮肚想要表达和我母亲的深厚感情,一度想给我起名为"张爱华"(因为母亲名字里有个华字)。后来母亲觉得过于肉麻,便只取了父亲和母亲两个人的姓氏——父姓张,母姓于,而"张于"两个字看起来略显单薄,于是用了与"于"字同音的"瑜"字,取美玉之意。

演艺人员中,也有很多结合父母姓名起名的案例,如"马苏"。2015年8月，她在微博发出一张全家福照片，并写文字"苏女士，生日快乐"，这时大家才发现，其实"马苏"这个名字就是其父母姓氏的直接结合。"马"姓，作为一个有动物含义的姓氏，并不是很好起名，但"苏"字给人的感觉文艺清新，配合"马"姓没有歧义，好读好记，可以说是一个组合成功的名字。

再如"杨幂"。很多人都非常喜欢她的名字，很有独特性，其实也是源于其父母姓氏的组合，因为她父母都姓杨，一家三口，便是"杨的三次幂"，杨幂的名字便由此得来。

结合父母的姓名来为孩子起名，不止有简单的排列组合，思路其实也可以多种多样，接下来我为大家总结了几种方法。若你也想起一个和父母双方都有相关性的名字，不妨参考一试。

直接组合

大多数父母双方的姓氏，并不适合直接组合在一起，尤其是大姓之间的组合，诸如张王、赵李、刘陈……若把两个姓氏生搬硬套组合在一起，会破坏名字整体的美感与协调感。因此，这第一个结合技巧——直接组合法，原则上只适用于那些原本就有美感或有意义的姓氏。

1.— 父姓关，母姓安，孩子起名"关汝安"

名字中包含着父母双方的付出，寓意悉心关照，予汝平安。关姓取关心、照顾之意，安为其结果，期待孩子在父母的关爱下，平安健康地成长。

2.— 父姓夏，母姓叶，孩子起名"夏叶繁"

出自宋代梅尧臣《和石昌言学士官舍十题·石榴花》："春花开尽见深红，夏叶始繁明浅绿。"

两个姓氏，"夏"与"叶"，本就有含义与景致上的关联，很容易让人联想到夏季枝叶繁茂，一片郁郁葱葱、生机盎然的景象。名字甚有美感，从寓意角度，亦可引申为健康、生机、活力之意。

3.— 父姓顾，母姓伊，孩子起名"顾念伊"

"顾念"本就是个词语，意为眷念、想念；"伊"有多层含义，可作为第二人称"你"，亦可作为第三人称"她／他"。顾念伊，可以说是父母对彼此深切的牵挂与爱意，往大了说，也可以说是心怀天下，有着对他人普遍的顾及，很有仁者之风。

以上三个案例，都是姓与名刚好在寓意上有所顺承和连接。然而，多数姓氏之间可能并不具备寓意上的直接关联性，此时，便可以加入一个有特殊意义的字，连接父母双方的姓氏，从而让名字变得生动起来。

1.— 父姓李，母姓周，孩子起名"李思周"

虽然"李"与"周"的含义并没有直接的联系，但用"思"字连接，便有了双重含义。第一，"思"为思念、想念；"思周"，代表了丈夫对妻子的思慕之情。第二，"思"为思考、思想；"思周"有思想周密、思虑周全之意，代表细致、用心，考虑问题周到，颇有才智。

2.— 父姓赵，母姓许，孩子起名"赵嘉许"

嘉，作形容词取善、美之意，作动词则取赞美之意，用来连接赵姓与许姓，亦有多重解读。第一，"嘉"可以作为形容词，"许"也取其本意，代表为人善良，心灵美好，能得人认可、信任。第二，"嘉"作为动词，可以表达丈夫对妻子的爱慕与称赞。第三，"嘉许"本是个汉语词汇，诚于嘉许，宽于称道，既寓意为人善于发现他人优点，不吝惜去称赞别人，也代表可以得到他人的赞许与认同。

3.— 父姓陆，母姓宁，孩子起名"陆心宁"

宁字常用，词汇众多，组合也比较简单，这里选用心宁，也是两重含义。第一，白居易有诗："心泰身宁是归处，故乡何独在长安。"简取心宁，寓指精神和身体的康泰安宁。第二，陆、宁两字为姓氏，把心字作动词使用，取关心、挂怀之意，也表达了丈夫对妻子的关怀与倾心。当然，宁作为姓氏应该读作"nìng"，但既是用于名中，还是读作"níng"更为合理，也不必一定强调它的姓氏属性了。

总之，用父母姓名元素起名，关键是能不能让作为名字的姓氏有一个巧妙的组合；切忌生搬硬套，为了所谓的"冠名权"不顾及姓名的寓意和美感。下面我列举了一些可以直接用于名字中的姓氏，也总结了一些有寓意的、适合连接两个姓氏的中间字，方便大家参考组合。

适合用于名中的姓氏

安、林、叶、蓝、谷、楚、黎、夏、冷、白、许、阮、林、苏、柳、江、喻、岑、云、时、萧、舒、颜、凌、左、荀、芮、松、郗、伊、景、宁、司、卓、冉、池、乔、艾、鱼、周、高、路、章、唐。

适合搭配两个姓氏的字

（1）感恩遇见：见、遇、会、逢、晤、识、觅。
（2）表达爱意：爱、念、慕、心、恋、怡、瑷、喜、欢、思、想、悦、乐。
（3）相知相许：知、许、同、睦、忆、牵、诺、信、伴、惜、珍。
（4）保护照顾：佑、予、依、卫、护、守、暖、敬。
（5）携手并进：加、佳、嘉、与、和、好。

谐音字组合

很多大姓不适合直接组合，但应用谐音字组合方法就很容易起到好名字。

1.— 陈姓

陈字如果直接用在名字中，易被理解为陈旧、陈列之意，较难搭配，但如果用谐音来起名，很多字都很适合，如：
晨，意为天明、日出时。若刚好生于清晨，便有了双重含义——暖晨、晨熙、晨安、向晨。

辰，地支第五位，意为星辰、时光。用于名字中很是浪漫——花辰、辰星、辰序、令辰（吉利的日子）。

宸，本义是屋檐，引申为深邃的房屋、帝王的住处。用于名中十分大气——宸南、宸雅、北宸、敬宸。

琛，珍宝之意，形容珍贵。用于名中也有富丽华贵的气息——贝琛、琛瑞、玺琛、子琛。

演员陈晓与陈妍希的儿子名为"陈睦辰"，父母双方皆姓陈，以谐音字"辰"取代了其中一个陈姓，中间用"睦"字连接，"睦"为融洽亲密之意，表达了对家庭和睦的美好期待。而孩子的小名为"小星星"，"辰"字亦有星辰之意，大名和小名也是相互呼应，可见名字起得十分用心。

2.— 戚姓

演员戚薇和李承铉的女儿，大名"李乐祺"，"祺"字便是戚姓的谐音字，"乐"为愉悦、喜欢之意，而且"乐"字还有一个隐含谐音"love"，"李乐祺"也可解读为"李 love 戚"，表达了满满的爱意，也表现出了家庭欢乐的氛围。孩子的小名"Lucky"（幸运）也和大名"乐祺"有音律上的关联，因此也是大家津津乐道的起名范例。

3.— 唐姓

在我的起名师生涯中，有很多结合父母姓氏起名的案例，如：

父姓阮，母姓唐，起女孩名为阮晓棠。

姓氏"唐"取谐音字"棠"，棠为乔木，字形"尚木"，亦是颇有内涵。中间用"晓"字连接，第一取明白、懂得之意，代表父母之间心心相印、知晓彼此心意；第二取清晨破晓之意，因孩子生于清晨时分，晓棠，如清晨阳光照在有朝露的甘棠树上，很有美感。其实"晓棠"并不算一个非常独特的名字，但胜在姓氏为"阮"，"阮晓棠"组合在一起，名字天然就具有了一点民国韵味。小名取为"小软糖"，把三个字取谐音再调转了顺序，非常的Q萌可爱。一切都是恰到好处，可遇而不可求。

谐音法起名，对于姓氏的要求就低了很多，绝大多数姓氏都能找到有意义的谐音字。我整理了一些常见姓氏的谐音字，抛砖引玉，给大家做个参考。

李：里、理、礼、立、笠、励。

刘：流、留、鎏、琉。

陈：琛、辰、忱、尘、宸。

赵：照、兆、肇、昭、钊。

周：州、舟、洲、宙。

吴：梧、吾、舞。

郑：正、证、政、筝、铮。

宋：颂、松、嵩。

黄：煌、凰、璜。

韩：晗、含、涵。

杨：阳、扬、漾、央。

钱：前、潜、芊、谦。

关：观、冠。

拆分姓氏字音

有些姓氏，无论是直接用，还是用谐音字放在名字中都不甚美，这时候，不妨再换种思路——拆字音，用两个字的音律来表达一个字。

1.— 张姓

虽说谐音字中有"章""彰"等字可选，但仍觉得不好搭配。

想把"张"姓融入名字中，可以将姓氏"张"的读音 zhang 拆分为"zh"和"ang"。这样在用字上便有了更多的选择。例如：

| 志昂 | 意志昂扬，一种精神焕发、满怀热情的形象扑面而来。

| 知昂 | 在求知的路上不断向前奋进，追求更高的思想境界。

| 之昂 | 之字用在名字中很有古风韵味，即使前面再搭配大姓也能出彩。

| 芷昂 | 芷为香草，芷昂有一种草木向上生长的勃勃生机感，用字更适合女孩。

2.— 徐姓

把徐姓融入名字中，可以将"徐"的读音 xú 拆分为"x"和"ü"，进一步拓展为"xi"和"yu"，用字便可以更加多样化。例如：

| 晞宇 | 晞为天明、拂晓，宇为天地之间。晞宇，如天地之间出现的第一缕光芒，带来了无限的希望。

| **溪语** | 宋代郑獬《即事简友人》:"幽鸟隔溪语,落花穿竹飞。"溪语,也可以直接解读为溪流的声音,诗意与音感跃然眼前。

| **希予** | 希为希望,予为给予。希望孩子成为一个懂得付出的人。

| **熙愉** | 熙为光明和乐,愉亦为和悦快乐。两个字组合,更加强了愉悦喜乐的氛围,使人见之便觉得名字的主人一定也是温暖乐观的。

按照这个思路,我列举了一些可以拆分字音的姓氏,你可以参考并拆解一下自己的姓氏,看看可以拆出怎样的组合。

徐:晞宇、希予、熙昱、汐雨、溪语、熙愉。

陈:池恩、尺恩。

李:乐亦、乐苡、乐伊、乐颐。

赵:之傲、知奥。

孙:思闻、思问、斯文、司雯。

秦:祺因、其音、祺音、启寅。

严:依安、易安、艺桉。

康:可昂。

谢:希烨。

殷:宜恩。

邱:淇悠。

兰:乐桉。

舒:诗梧。

拆分姓氏字形

与前三种方法相比,"拆字形"这种方法就显得更加内敛了,需要多花一些心思去构思。

1.— 直拆法

把汉字按上下结构或左右结构拆成两个独立的汉字,这是拆字形的基本思路。如近些年来,很多小朋友叫木子,李木子、赵木子、郑木子,多数都是因为母亲姓"李"而起得此名。

与之相似,"翟"姓可拆为羽、佳,若搭配罗姓,起名"罗羽佳"。罗字本意是捕鸟的网;翟字本意为山雉,《说文解字》释"翟"字为:"山雉尾长者。从羽,从佳。"[1] 罗羽这两个字碰在一起,多少有点缘分深厚的意味了。当然,若严谨而论,翟字拆解为羽、隹(zhuī)才是正解,但兼顾音形意来看,"羽佳"二字搭配更和谐一些。起名字毕竟不是文学考试,起名者的理解与喜好也是起名的重要因素之一。

拆解字形这个方法固然很有趣味性,但同一汉字的拆法多半只有一种。如上文所言,李姓只能拆成木、子两个字,李姓是超级大姓,而木、子这两个字,又刚好比较符合近几年年轻父母的审美,已经有成为流行名的趋势,所以若再想用木子起名,也需要考虑一下独特性的问题。

这里列举一些字形拆分后,搭配起来也比较好的姓氏:

---

1. 许慎.《说文解字》[M]. 沈阳:辽海出版社,2016.

雷 —— 雨田		章 —— 立早
胡 —— 古月		杨 —— 木易
舒 —— 舍予		晏 —— 日安
董 —— 芊里		庞 —— 广龙
霍 —— 雨佳		季 —— 子禾
贺 —— 加贝		栾 —— 亦木
岳 —— 丘山		谈 —— 言炎

2. 偏旁法

上下结构与左右结构的字固然好拆，但独体字也有其妙用。

如"王"姓。虽然不适合作为一个独立的字放在名字中，但作为一个偏旁还是非常好用的。若想把王姓融入名字中，尽可以用字形带"王"的字，如琪、瑜、钰、琰、璟、璐、润等。如"金"姓，若想在名中直接使用"金"字，搭配不好就容易土气，但字形带"金"的字就好用很多，如钦、镜、钧、钥、铠、鉴等。

起名实例：父姓文，母姓马，想结合父母姓氏给男孩起名。

我构思之下，以"马"作为偏旁，取"骏逸"二字，组合为"文骏逸"。以"马"为偏旁的字，字义多与马有关，如骏、驰、骋等，都比较有动态感与力量感，而"文"姓，偏又是一个斯文且内敛的姓氏。一动一静，一文一武，因此配以"逸"字，和两者皆可搭配，文章可以写得超逸脱俗，骏马驰骋亦可以俊美秀逸。且骏逸也是一个固定的词语，意指疾速奔驰的良马。每个字之间皆有关联，动静结合，颇为巧妙。

列举一些可作为偏旁的姓氏和可用字如下：

王：润、琪、瑜、钰、琰、璟、璐。

金：钦、镜、钧、钥、铠、鉴。

马：骏、驰、骋、骙。

丁：可、宁、顶、汀、厅、柠。

方：放、旗、施、旋、芳、坊、舫、旌、旆、於。

3.— 拆字重组法

很多姓氏并不能直接拆成两个有意义的字，但多半能拆出一个偏旁加一个字或两个偏旁，这时，我们就可以脑洞大开，把拆出来的两部分重新组合成一个新的汉字。

如宋姓，可以拆成"宀"和"木"，分取这两个偏旁，就有很多字可以用来组合了。

带"宀"的字：安、宸、容、宣、宁、宜、宽、宇、宵、宥、宙、宛……

带"木"的字：林、果、霖、杉、枫、枳、沐、桐、栩、栗、朴、朵……

起名实例：父姓白，母姓宋，给女孩起名。

因孩子出生时母亲经历难产，生产颇为不易，孩子爸爸希望能结合父母姓氏起名，让孩子不忘感恩母亲。但二姓直接组合就有了"白送"的谐音，于是我采取了拆字重组法，起名为"白萱朵"。关于萱草最早的记载来自《诗经》，因萱草能使人心安神定，忘却暂时的烦恼与忧愁，也被称为忘忧草。而古代诗文中又常以萱草指代母亲，也是进一步加强了名字中关于感恩母亲的元素。以"萱朵"为名，第一，有"宀"与"木"的字形，暗含"宋"字；第二,"萱"既有忘忧含义,又有指代母亲的寓意;第三,"萱朵"与"白"姓搭配寓意有所呼应,也有很好的美感。

列举一些可拆偏旁,及组合用字如下:

木旁:相、橙、梨、和、格、楚、林、果、霖、杉、枫、枳、沐、桐、栩、栗、朴、朵。

门旁:闻、闲、阔、阅。

宀旁:安、宸、容、宣、宁、宜、宽、宇、宵、宥、宙、宛。

艹旁:若、英、落、苏、艺、蒙、萨、蓝、莱、萧、艾、荷。

口旁:啸、呈、回、台、加、叶、听、和、可、后、只、右、杏、同、问、鸣。

天旁:关、吴、癸、昊、添、骙、溟。

4.— 拆字取音法

这种方法更多适用于一些耳熟能详的字形拆解,如木易杨、古月胡、言午许等。若是拆解之后不顺口或不常用,隐藏太深,让人难以理解,便容易失去结合父母姓氏起名的意趣。

起名实例:父姓任,母姓陈,给男孩起名。

把母亲的姓氏"陈"拆分为"阝"和"东",若严谨来论,"阝"应读作 fǔ,但我们俗语常说"耳东"为陈,加之一见到姓氏"任",就很自然想到了郑燮《竹石》中的诗句:"千磨万击还坚劲,任尔东西南北风。"于是给孩子起名为"任尔东",既巧妙融合了父母双方的姓氏,又化用了诗句,期待孩子性格坚韧,能自信地迎接生活中的各种挑战。用此思路，有一些姓氏，我们便不必拘泥于原字，拆解后可以替换为同音字，如：

杨：木易、沐奕、慕意、睦易。

胡：古月、谷悦、古玥、古越。

许：言午、炎武、妍舞、颜午。

5. 思路拓展

对于字形的拆解，可以拓展的思路还有很多，很多时候也是在实际起名的过程中迸发出的灵感。

起名实例：父姓于，母姓王，想给龙凤胎起名，最好能结合父母双方的名字。

我看到这两个姓氏，"于"和"王"，顿觉字形非常有趣，"于"加一横就是"王"，或许可以从字形角度下功夫做文章，于是起了两个名字：于嘉怡，于嘉恒。谐音"加一"，"加横"。"于"字加一也是"王"，加个横也是"王"，虽然"王"姓没有直接出现在两个孩子的名字中，但却已经从结果上体现了出来。考虑到名字直观体现出来的寓意与字形，以"嘉"字为中间字，男女皆可用，寓意为美、善；"怡"与"恒"皆是"忄"，字形结构一致，也很符合龙凤胎的特点。"怡"为和悦喜乐，"恒"为恒心长久，对子女皆是美好的期待与祝福。

融入典故

网络有个帖子《你听到过哪些惊艳的名字》，帖子下面有一条高赞回答：

一弦，一柱。出自李商隐《无题》的诗句："锦瑟无端五十弦，一弦一柱思华年。"因为孩子们母亲名叫"华年"，母亲早逝，父亲给两个孩子起此名以纪念母亲。

这个帖子后来出现了很多版本，真实性无从考证。但从思路来讲，这一条帖子的确给到我们一个新的起名灵感——从父母的名字中找概念、找典故。

起名实例一：父姓成，母姓章，给女孩起名。

借鉴上文思路，我想到成语"斐然成章"，起名"成斐然"，"章"字虽未出现在名中，但只要向别人介绍名字的时候，捎带着讲个小故事，如：

"我叫成斐然，名字来源于成语斐然成章，起这个名字并不是我家人一定要求我多么有文采，而是因为我妈妈姓章，这是他们用我名字秀恩爱的一种方式。"

短短几句话，包含了很多的信息量：有文化、谦虚、家庭氛围好。即使是在新生开学时期的众多自我介绍里，相信这个名字也能够脱颖而出。

起名实例二：父姓隋，母名杨春，给女孩起名。

构思之时，因"隋"姓与"杨"姓总易让我想起隋炀帝这个名声不太好的皇帝，于是放弃了用姓氏做结合，而围绕"春"字来构思，起名为"隋青溪"。因有诗句"道由白云尽，春与青溪长"，描写的正是春天的景色，十分优美。而搭配"隋"姓，更有伴随、顺行之感，伴随山路与青碧的溪水，山路悠长，溪水也悠长，一路春暖花开，生机盎然。

类似的应用方法，再举几例：

姓李，孩子起名：言之 —— 言之有理。

姓石，孩子起名：安如 —— 安如磐石。

姓高，孩子起名：星照 —— 福星高照。

提取关键元素

若父母双方的姓氏不好做结合，这种方法或许可以带给你更多的思路——从母亲的名字中提取关键元素，放在孩子的名字中使用。如母亲名字中有"玉"字，孩子名字便可用一个同样有美玉含义的字，和母亲的名字相呼应，如此名字中便带有了母亲的姓名元素。

起名实例一：父姓温，母名王玉，给男孩起名。

以母亲名中的玉字为关键元素，我构思之下，便直接把王、玉合在一起成"珏"字，给孩子取名为"温明珏"。名字中包含了父亲的姓氏与母亲的姓名，中间用"明"字连接，既有父亲明白、懂得母亲的含义，也有玉石温暖明亮的含义。谦谦君子，温润如玉，不仅如玉温润，亦是内心光明。

起名实例二：父姓陆，母名纪晨星，给男孩起名。

我以母亲名中的星字为关键元素来构思，联想到日月星辰，广阔天空，给孩子起名为"陆霄宇"，"霄"为天空，"宇"为天地之间。"霄宇"又是专用词语，指上下四方，天地之间。且孩子父亲为"陆"姓，"陆"为陆地，与霄宇结合，更有了天空与陆地间的呼应与连接。既结合了父母姓名的元素，而且十分大气。

起名实例三：父姓叶，母名林梦，给女孩起名。

我以母亲名中的梦字为关键元素来构思，联想到夜晚、静谧、安睡、好梦，给孩子起名为"叶星眠"。初构思时，本构思以"星晚"为名，但总觉得不够特别，将"晚"字改为"眠"字后，顿时就有"感觉对了"的喜悦。"叶"姓音同"夜"，夜晚繁星点点，静谧安宁，及至夜色渐深，人间好梦，星也安眠。家长提供信息时说想要"孟晚舟"的风格意境，于是"叶星眠"一名，意境当是不输了。

起小名

大名固然是直接表达父母双方感情爱意的一种方式，但小名更能凸显出父母和孩子之间的亲密感，毕竟小名是亲近之人常常称呼的。若是比较含蓄内敛的家长，也可以参考这一方法，结合父母的姓氏为孩子起小名。

起名实例一：父姓尤，母姓于，给宝宝起小名为"小鱿鱼"。

这些放在大名里很容易有谐音歧义的组合，放在小名中，反而成了一种非常可爱的起名方式。

起名实例二：父姓田，母姓夏，给宝宝起小名为"夏天"。

很是可爱机灵、阳光灿烂的感觉。若要大气一点，则可以起为"天下"了，寓意胸怀四海，显然对宝宝也有更多要求了。

按此思路，总结一些可以结合着起小名的姓氏：

桂、袁 —— 小桂圆	胡、陆 —— 小葫芦
成、田 —— 小甜橙	袁、辛 —— 小圆心
梅、郝 —— 小美好	杨、陶 —— 小杨桃
李、项 —— 理想	李、吴 —— 小礼物
郝、孟 —— 好萌	郭、董 —— 甜果冻
唐、窦 —— 小糖豆	安、齐 —— 安琪儿

方、高 —— 小方糕　　　　余、万 —— 小鱼丸

英文名

除了大名和小名，当代宝宝一般还会同步起个英文名，这时候，当然也可以考虑结合父母姓名元素。例如，父姓艾，母姓马，英文名可起为 Emma；父姓谢，母姓李，英文名可起为 Shelly。

这些英文名，不仅带有父母姓氏的读音，还洋气十足。

按此思路，总结一些可以结合着起英文名的姓氏：

父姓毕，母姓李——Billy

父姓柯，母姓林——Colin

父姓艾，母姓文——Elvin

父姓贾，母姓黎——Gary

父姓葛，母姓兰——Glen

父姓韩，母姓李——Harry

父姓伊，母姓安——Ian

父姓雷，母姓欧——Leo

父姓卢，母姓柯——Luke

以上就是结合父母姓氏起名的八个思路，每一个孩子都是父母独一无二的宝贝，父母名字的组合也都可以有很多变化，相信本部分论述能帮你拓展更多思路，在为宝宝起名时迸发更多的灵感火花。

05 — 从风格角度构思好名字

在起名学中,名字的风格是极其重要的。在欧洲,"风格"是一个修辞学概念;在中国,对"风格"的认知自古就有,这一点,从古人对于文字的审美意识中便可看出。

魏晋时期,曹丕《典论·论文》中提出:"文以气为主。气之清浊有体。"刘勰在《文心雕龙·体性》一篇中就文章的风格提出了"八体"说:"一曰典雅,二曰远奥,三曰精约,四曰显附,五曰繁缛,六曰壮丽,七曰新奇,八曰轻靡。"后又将"八体"两两相对,归并成四种类型:雅与奇反,奥与显殊,繁与约舛,壮与轻乖。自此,"八体四类"形成一个完整的体系。

所以,风格其实和人类对于自然、文字的审美意识息息相关,所谓"松树坚韧的品格""江河豪迈的气势",都是人所赋予的。

作为一个起名师,我认为,名字的审美风格和文章的审美风格有异曲同工之处,一篇文章、一首古诗,需要仔细推敲其中的用字用意、遣词造句,名字亦是如此。文章、诗词有众多风格,名字当然也有。比如李白诗歌风格自由浪漫、杜甫诗歌风格沉郁顿挫。《沧浪诗话·诗评》中有言:"子美不能为太白之飘逸,太白不能为子美之沉郁。"

名字的风格多种多样，我将主要围绕当代人比较喜欢的五种风格来解析并举例。

古典风：诗意与典雅的交融

1.— 诗词歌赋

古典风的名字，犹如一幅幅流传千古的画卷，充满了历史的厚重与文化的底蕴。这样的名字，往往选取诗词歌赋中的经典词句。起名参考：

| 俞飞鸿 |

出自苏轼《和子由渑池怀旧》："人生到处知何似，应似飞鸿踏雪泥。""飞鸿"一词原意为飞行的鸿雁，代表着天地广阔、自由翱翔，在《文选·石崇·王明君辞》中，有"愿假飞鸿翼，弃之以遐征"的句子，表达了借助飞鸿的翅膀远行高飞的愿望。

| 周星驰 |

出自王勃《滕王阁序》："雄州雾列，俊采星驰。"星驰，给人繁星闪烁奔驰的动态感，原句意为有才能的人如流星一般奔驰驱走，更是赋予"星驰"二字文采不凡的含义。

| 谭松韵 |

"松韵"一词，意为松风，《题彭州阳平化》有诗句"晚寻水涧听松韵，夜上星坛看月明"，可见，松韵一词颇有古典风韵，结合姓氏"谭"，更是增添了名字的动态感，犹如弹奏一曲森林与风之歌，自然美妙。

这些名字，因诗句的出众，而被赋予了丰富的含义，有无可比拟的画面感，充满了古典气韵。

2.— 意象意境

几个例子下来，大家可能会有疑问，难道出自诗词的名字就都是古典风吗？

我的答案是否定的。中国古典美学的起点是老子的哲学和美学，其中提到两个重要的理论概念：意象说和意境说。这两个概念其实是构建"美"的一个重要标准，用于古典风的起名其实也是一样的。

例如，"戴望舒"一名，出自屈原《离骚》："前望舒使先驱兮，后飞廉使奔属。"此句是十分具有古典韵味和意境的，因为"望舒"是中国神话传说中为月亮驾车的神，它在夜空中引领人们前行，给人们带来光明和希望，"望舒"是月亮的意象代表，是华夏子女共有的感情意象，知其含义的同时，也能够感受其美好的意境。

如若在典籍中随意找两个字凑在一起，即使出处是美的，名字也不能给人带来古典美的感受。比如王维《山居秋暝》："明月松间照，清泉石上流"，诗句非常富有画面感与古典韵味，可若起一名为"月石"，在意象和意境上都没有体现出诗句的韵味和画面感，也就称不上是个古典风的名字。

3.— 点睛之笔

当然，想要起一个古典风的名字，除了抓住意象和意境，还可以抓住生动形象的动词,让名字活起来。

如教育家林风眠的名字,"风"字虽是一个名词,但却是一个颇具动态感的名词,而"眠"字,虽是一个动词,却给人安静祥和之感。风眠,听风而眠,动静结合,颇有一种超然物外的自由感。

4. 古典特征

古典风的意境审美不仅仅蕴藏在诗词歌赋中,可以直接通过意象构建出来,也可以借助具有古典韵味的字,如之、兮、也、卿等,突出古典的特征。例如方观旭一名,旭有旭日之意象,搭配"观"字,有"方才正观旭日之升"的画面感,颇具意境。再如刘长卿、王羲之、王献之,这几个名字虽然没有一个具体意象、意境,但因为"之""卿"这样的字十分具有古典气息,所以名字也具有古典风韵。

所以,要想起好古典风的名字,首先要抓住典籍所传达的意象和意境;其次就是搭配和谐的动词,使之成为名字的"点睛之笔";再就是可以结合具有古典韵味的字起名。不过我要在此提醒,并不是古人的名字都能算是古典风,比如明代史学家万斯同,这个名字就给人一种中西结合的味道,不能算是古典风格的名字。

综合以上方法,我精心斟酌了一些名字,供大家参考。

出自诗词的古典风名字

| **柳星冉** | 出自姜夔《湘月·五湖旧约》:"暗柳萧萧,飞星冉冉,夜久知秋信。"

| 路乘歌 | 出自王绩《夜还东溪》:"青溪归路直,乘月夜歌还。"

| 方灵雨 | 出自《诗经·鄘风·定之方中》:"灵雨既零,命彼倌人。星言夙驾,说于桑田。"

| 叶染秋 | 出自李白《南轩松》:"阴生古苔绿,色染秋烟碧。"

| 石眠云 | 出自长筌子《瑞鹤仙·岁华如转毂》:"松间步月,石上眠云,性如麋鹿。"

| 余墨云 | 出自苏轼《江城子·墨云拖雨过西楼》:"墨云拖雨过西楼。水东流,晚烟收。"

| 别山尽 | 出自王之涣《登鹳雀楼》:"白日依山尽,黄河入海流。"

| 楚清秋 | 出自辛弃疾《水龙吟·登建康赏心亭》:"楚天千里清秋,水随天去秋无际。"

| 樊林深 | 出自王维《鹿柴》:"返景入深林,复照青苔上。"

| 李青棠 | 出自潘曾玮《送汪小珊归省(其一)》:"郁郁青棠花,亭亭连理枝。"

| 南山影 | 出自李贺《蜀国弦》:"枫香晚花静,锦水南山影。"

| 山衔月 | 出自李白《与夏十二登岳阳楼》:"雁引愁心去,山衔好月来。"

其他古典风的名字

灿兮、云初、墨之、也寻、尘月、澜序、晴柔、知鸢、青黛、晏川、鹤羽、聿风、听松、雨眠、言卿、景行。

现代风：新颖与时尚的碰撞

现代风的名字，顾名思义，是符合现代社会审美的名字，但是现代社会审美多种多样，具体什么样的才是现代风呢？

1.— 搭配新颖

我们可以看看古文和现代文的区别。古典诗词，用词都较为严谨，文言居多，在韵律格调上有严格的要求，甚至在字数上也多作限制，比如五言、七言、绝句、律诗。现代诗歌则较为宽泛，没有那么多条条框框。

所以，现代风的名字也可以不必追求过于高深的寓意，也未必要严格遵循平仄、音律等要求，更多注重的是明快、易记、时尚、新颖，讲究个性与创意，在用字搭配上，常常更大胆一些，达到出其不意的效果。比如陈都灵的用字"都"，周也的用字"也"，陈最的用字"最"，不在于多么深厚的内涵，但胜在新颖。

新颖的现代风用字参考：

颜色字：橙、紫、青、蓝、橘、素、玄、黛、赤、碧、缇、绯、丹。

否定字：不、非、无、未、空、莫、尽。

肯定字：是、能、确、定、肯、然、诺、正、必、会。

常见不常用字：现、存、在、最、所、起、果、写、也、见。

其他类型字：钰、澍、灿、茈、盼、米、朗、染、繁、屹、翩、柚、柠、赛、既、居、枳、歆、荔。

2.— 流行元素

现代风的名字，还可以融入一些当下的流行元素。比如，易烊千玺的"千玺"二字源于其出生年份正值2000年这个"千禧年"。

3.— 中外结合

中外结合起名也是当下的新潮流，现代风的名字可以结合其他国家语言、名字的特点。如露丝，英文名Rose；黛西，英文名Daisy；奕森，英文名Eason。还有偏韩式的名字：智雅、幼恩、美妍。

综合来看，相比古典风，现代风的名字可发挥的空间更大，更容易让人眼前一亮。但是有一类名字是非常不推荐的，那就是恶搞类的。比如前文提到的谢主隆恩、黄蒲军校；比如，姓支，起名支付宝；姓包，起名包工头。这样的谐音梗起名，虽然很有记忆点，但是会给孩子以后的交友学习带去很大的困扰，容易被开玩笑、嘲弄。

以下是现代风的名字案例，供大家参考。

中外结合的现代风名字

贝拉（Bella）、晞娅（Thea）、珂琳（Colleen）、马修（Matthew）、安铂（Amber）、茉莉（Molly）、芮琦（Rachel）、霖赛（Lindsay）……

韩系名字：

玟亭、知妍、沅灿、熹荷、仁赫、在浚、泊文、世沅……

日系名字：

穗禾、久芽、森美、凌子、千雪、绘柠、樱奈、柚里、井鹤、拓野、凉枫、见川、左初、银司、谷安、洁羽……

不拘一格的现代风名字

| **张舒弛** | 一舒一弛，张弛有道，结合当下社会"内卷"的状态，名字反而有一种"反内卷"的寓意。

| **龚赫宁** | 名字谐音"恭贺您"，每叫一声都充满了祝福。名字带好的谐音，祝福双倍，且会更有记忆点。

| **齐艺果** | 名字很有创意，谐音"奇异果"，并且艺、果二字的搭配较为新颖，给人眼前一亮的感觉。

| **苏赢** | 姓"苏"，可最终会"赢"。在介绍名字时，给人反差感，也是增强自身信念的一种方式。

| **黄紫橙** | 大胆用上颜色寓意的字，让名字充满色彩感。

| **何不为** | 出自成语"何乐不为"，大胆使用否定词入名。

| **向未来** | 心向未来，充满希望。

| **岳洛星恬** | 名字给人花好月圆、星光点缀的恬淡之感，如若父母姓氏是"岳"和"皿"，会更显独特。

其他现代风名字

殷悦、许愿、吴荻、丁咚、唐棠、穆慕、李礼、荣融、田丝丝、陈只只、齐夸夸、余年年、宋温暖、史镜鸣、刘今安、艾朵萌、杨柳依依、朱格茗茗、夏予乔安、梁辰艺景……

大气风：豪迈与洒脱的呈现

要说大气的名字，纵观古今，有不少贴切的案例，如钟南山、孙中山、武则天、李鸿章、何赛飞……我们试着参考大气的名人名字，找出这种风格名字的共性。

1. 借助自然意象之"大"

如山川湖海、崇山峻岭、雷霆云霄等。

这种类型的字，用在名字中，自然提高了整体的气势，显得非常高远，让人有视野开阔的大格局感，所以想要大气风的名字，不管男孩女孩，都可以借助这种大气的自然意象来起名。

2. 取用形容宽阔宏远的字词

如浩瀚、宽广、豁达、宏大、硕、赫等。

这种类型的字，本身就带有盛大、开阔的意思，用在名字中，为其整体增添了气吞万里的宏大感，给自己一种开阔、豪放的信念。

3. 巧用动词

如驰、鸣、望、照、奔等。

风驰电掣、一鸣惊人、所向披靡，这一类动词，也非常适合用来起大气风格的名字。巧妙结合，如同画龙点睛，让名字活起来、动起来。

4.— 借用豪放大气的诗词用字

如毛泽东《沁园春·雪》："北国风光，千里冰封，万里雪飘。"词中的"北""千""万"这样的字完全可以用于名字中，增添名字的气势。

名字参考：北衡、北澄、千凌、千宁、万霆、万森。

再如辛弃疾《水调歌头·和马叔度游月波楼》："唤起一天明月，照我满怀冰雪，浩荡百川流。鲸饮未吞海，剑气已横秋。"词中的"天""照""怀""浩""川"等字词所表现出来的大气格局，可以借鉴入名。

名字参考：天煦、照澜、怀霄、浩峥、赫川。

综合以上方法，以下是大气风格的名字参考及用字推荐。

鸣粲、钧羿、千昱、振凌、赫岩。

云驰、远澜、南臻、向川、望山。

冠泽、承瀚、霖潇、卓璎、瑾珑。

昭懿、晟一、君霓、映桐、婧橙。

昂、一、啸、跃、湛、倾、司、铮、川。

云、齐、霄、揽、澜、泽、熹、卓、舟。

州、青、时、攀、千、行、星、滔、照。

温婉风：细腻与柔美的表达

"温婉"二字常用来形容女子，与大气豪迈相对，温婉风格的名字也更加适合女子。

唐五代时期开始流行婉约词派，在起名过程中，可以借鉴婉约词细腻柔美的表达。比如，李清照的词句："昨夜雨疏风骤，浓睡不消残酒。""雨疏"一词，也就是小雨稀疏，可若直接取名"雨疏"，名字还不够温婉，可取"疏雨"一词，则更加细腻温婉。

不过，婉约词抒写离别相思、花前月下、伤春感时、羁旅乡愁等阴柔情感为主的题材内容居多，起名过程中需要注意甄别，学习其表达即可。

比如，想形容女子芳华，可以参考婉约词中对于"花"的描写。写花香，"暗香盈袖"，相较于林逋的"暗香浮动月黄昏"，"暗香盈袖"更加含蓄细腻。据此可起名"朵盈"，朵朵花开盈盈，既可以用来形容女子如花朵般美好娇艳，也寓指女子灿烂绽放、明媚耀眼。写花瓣，"疑净洗铅华，无限佳丽"，直接用"佳丽"一词太过直白，可起名"净妍"，妍指花朵清妍美丽，搭配"净"字修饰，寓指女子清净淡雅，纯粹无瑕。

此外，温婉风格的名字在音律上也要注意，偏向婉转柔和，切莫太过生硬。

综合以上几个角度，想要起好温婉风格的名字，其一，可以参考婉约词的用字描摹；其二，音律上婉转柔和，尾音少用第四声调；其三，温婉风格的名字多适用于女子，男子一般不用。

以下是温婉风格的名字参考：

清绮、翩然、知梧、若棠。

念昀、溪言、沐晓、墨如。

洛姝、枳嫣、沁伊、芯雅。

婉星、温凝、乔薇、苏禾。

民国风：时代和文化的交织

中国文化博大精深，源远流长。在起名上，很多人尤其喜欢有文化感的名字。民国时期，才子佳人众多，如林语堂、沈从文、顾维钧、郭沫若、朱自清、叶圣陶、傅斯年、戴望舒、周梦蝶、郁达夫、汪曾祺、林徽因、谢婉莹……从他们的名字中便能感受到浓厚的文化底蕴和其独有的民国文艺气息，即民国风。

因为被太多人推崇，民国风在当代也可以算是一种起名风格了。总结民国风名字的特色如下：

第一，讲究音律美，名字读起来像一股清泉，温婉雅致，缓缓流淌，尾音声调一般采用平声调。比如林徽因、傅斯年。

第二，讲究字形美，名字整体结构美观和谐，落笔、起笔舒展从容。比如沈从文，字形结构匀称协调，最后一笔都落在从左到右的一捺，整体和谐；傅斯年，名字整体字形给人修长秀气之感，最后一笔都落在笔直的一竖上。

第三，名字注重诗意感和意境感，充满文艺气息。比如周梦蝶，梦、蝶二字有庄周梦蝶的诗意感。又比如郭沫若，沫、若二字都代表着"水"意象，因为郭沫若的家乡四川乐山有两条水，一条是沫水（即大渡河），另一条是若水，他饮二水长大，所以后来发表新诗，就用了"沫若"这一笔名。这样一看，"沫若"一名更多了一层思乡之情，为名字增添了深意。

第四，在名字的寓意上，民国风的名字往往会选取一些与德行、仪容等息息相关的字。比如叶圣陶，出自古语"圣人陶钧万物"，意为拥有卓越智慧和高尚品德的人；比如周树人，其实鲁迅原名周樟寿，17岁才正式改名周树人，"树人"二字是希望把周家名门望族的声望发扬光大，成为国家的栋梁之材。

民国虽短，但万种风情历历在目。想要起好一个民国风的名字，掌握以上所说的音律、字形、意境、寓意等要点，并在其中体现出温婉、儒雅、诗意浪漫的感觉，便轻而易举了。

以下是民国风的名字参考及用字推荐。

知淼、方道、韫霖、绍钧、曜煊。

赫年、文洵、世沅、廷琛、尔谦。

书琪、紫棠、卿仪、岚乔、若笙。

茉荻、青黛、苏樱、筱晚、念之。

徽、因、瑾、秋、幼、仪、语、竹、舒、若、浅、言、溪、白、宛、梧、秋、安、昕、南、至、忆等。

笙、潇、湘、昱、柠、滢、延、卿、望、隐、洧、堂、半、随、镜、悬、停、途、录、从、眸等。

从风格的角度出发构思好名字，需要抓住每个风格独有的特色，以上只是对简单划分的五个风格做出的相应解析。名字的风格多种多样，每一种风格都有其独特的魅力，不同风格的名字也能彰显名字主人不一样的气质。以上是我的经验之谈，或有不全之处，大家可以结合自己的喜好再行发挥。

06 从寓意角度构思好名字

先秦古人在《展禽论祀爰居》中有言："黄帝能成命百物，以明民共财。"意思是：黄帝分门别类地给百物起名字，将物名之学作为财富与民共享。世间万物都有自己的名字，人乃万物之灵，名字更是重中之重。名字虽然不能决定个人命运，却是个人的符号标签，其体现的寓意，既激励着个人，也影响着他人对自己的印象与认知。

如东汉末年的军事家、政治家、谋略家周瑜，字公瑾，"瑜"和"瑾"都是美玉的意思，象征着美好的外貌和品德。据说周瑜身材高大、容貌俊美精音律，当时有"曲有误周郎顾"[1]之语。

除此之外，周瑜文武兼备，有雄才大略，是东吴势力取得军事成功和割据地位的主要功臣之一。被赞誉为"世间豪杰英雄士，江左风流美丈夫"[2]。

---

1. 胡守为，杨廷福.中国历史大辞典·魏晋南北朝史[M].上海：上海辞书出版社，2000.

2. 中国大百科全书总编辑委员会.中国大百科全书[M].北京：中国大百科全书出版社，2002.

周瑜、公瑾相呼应，既有对于高尚道德的崇拜，又能体现出他的形貌和功绩。

从寓意的角度起名字，是把对人的期待凝练为字，融合到名字中，除了能够寄托父母的情感与期待之外，也和当代常说的"吸引力法则"有着异曲同工之妙。

以下我将简要介绍古代起名的常见寓意，再梳理今时起名的常见寓意，给出相应的案例和用字，供大家参考。

古时起名

古代起名，抛开不同时期和朝代的特点，名字基本围绕以下寓意。

1.— 述志

以志向为名，体现了中国人注重家教、望子成龙的传统；而且名字也能对人起到一定的督促作用，赋予责任感。如周邦彦，出自《诗经·羔裘》："彼其之子，邦之彦兮。""邦彦"为贤能俊才之意。再如张养浩，出自《孟子》："我善养吾浩然之气。"表明志存高远的同时，更显中华文化的深远。

2.— 高尚道德

中国人注重品行，所谓"德才兼备，以德为先"，因此，以德起名也是一种传统。

如曹操，字孟德。《荀子·劝学》篇："生乎由是，死乎由是，夫是之谓德操。"名与字一体，结合为"德操"，即为道德操守。且"孟"字有排行第一、大的意思，结合"德"字，更能凸显对于道德品质与德行操守的追求。

3.— 祈福

名字除了表达志向和品行，更有祈福之意，体现了家人对孩子的祝福和期待，因此名字寓意也常常包含富或贵。如文天祥，字宋瑞，又字履善，"天祥"意为天赐祥瑞，而"宋瑞"为字，也是祥瑞之意。据说，文天祥赴京殿试时，宋理宗看到他的名字，觉得非常吉利，认为"此天之祥，乃宋之瑞也！"此后，"宋瑞"便为文天祥的另一个字。

4.— 尊古敬宗

"子曰：见贤思齐焉。"在古代社会，人们崇拜、仰慕贤者圣人，更期待自己的孩子能够向圣贤之人学习。因此古人在起名时，亦会参考圣人先贤之名，表达出对圣贤的崇慕和效仿，比如选用：尧、汤、舜、禹、唐、文、武、孔、孟、贤等字入名。

如，司马相如因仰慕蔺相如而起此名，严武因崇拜苏武而字子卿，郑板桥仰慕徐渭而特刻"徐青藤门下牛马走郑燮"。

除此之外，也有人起名来纪念先祖、感激恩人。胡适给孩子们起名为祖望、思祖，是为了纪念去世不久的祖母；吴珉与秋瑾交好，随从参与革命活动，在秋瑾殉难后，改名为吴惠秋，以此铭记秋瑾对她的帮助与教诲，纪念二人的革命情谊。

5.— 延年益寿

古人贵生恶死，重视生命，渴望永恒，因此在起名时，自然少不了"延年益寿"的寓意。如张九龄，"九"字在古代文化中常常泛指多数，而"九"与"久"谐音，有长久之意。"龄"字指的是年龄或年数，通常与长寿相关联。"九龄"整体寓意长寿安康，表达了家人对张九龄健康长寿的美好期望。采用此寓意起名的，还有王昌龄、辛弃疾、蒲松龄、张万年、李龟年等。

今时起名

到了现代社会，相比古人来说，人们的追求似乎没有太大的变化，除了尊古敬宗之外，大家对于名字的设想，仍然主要集中在期待成功、健康、快乐、生活无忧等方面。

1.— 事业有成

大部分家长在起名时都有"望子成龙、望女成凤"的期待。置身于现代社会，一个人想要脱颖而出、卓尔不凡，最能体现出能力的，便是个人事业了。我在起名时，也常常见到此类需求：希望孩子事业有成；希望孩子去追逐自己的理想；希望孩子未来从政；希望孩子经济富足……因此，名字包含"事业有成"的寓意，仍是大部分家长的需求。

中华文化博大精深，诗词典籍浩瀚，想要体现事业有成，可以参考成功、升迁、志向高远的诗词、成语。

| 思成 |

出自《诗经·商颂·那》:"汤孙奏假,绥我思成。"

意思是:商汤之孙正祭祀,赐我成功祈先祖。以此为名,寓意善于思考、功成名就,结合出处,象征不仅有上天的相助与护佑,更能通过成功来为先祖祈福。

| 弘量 |

出自尹知章《管子注》:"言人无弘量,但有小谨,不能大立也。"

意思是:人没有宽大的胸怀,只是谨小慎微,不能成就大的事业。以此为名,不仅象征心胸开阔,胸怀宽广,更是寓意着目标远大,能成大业。

| 允承 |

"承"字始见于商代甲骨文,其古字形像·双手托起一个人的样子,本义为捧着、接受。也可以引申用作敬辞,表示蒙受,又可引申为继承等意思。"允"字又有诚信之意,更显正直、正气,寓意端庄谦和,事业有成。

| 政安 |

政,政治,也代表正确无误,用在名字中,很适合未来想要为官从政之人,结合安字,更显领导能力强,使得一方平安。

以下是与事业相关的成语、诗句,可以在起名的时候参考。

描述事业的成语

蒸蒸日上、建功立业、云程发轫、如日中天、马到成功。
百尺竿头、前程似锦、飞黄腾达、功成名就、锦绣前程。
大功告成、水到渠成、欣欣向荣、鸿业远图、丰功伟绩。

春风得意、平步青云、一马平川、鹏程万里、步步高升。
旗开得胜、一帆风顺、白手兴家、扶摇直上、马到功成。
大获全胜、比翼双飞、比翼齐飞、一蹴而就、指日成功。
方兴未艾、震古烁今、蜚英腾茂、九转功成、繁荣富强。

描述事业的诗句

冯时行《遗夔门故书》：原祝君如此山水，滔滔岌岌风云起。

释义：愿君前程如此间山水，滔滔不绝；如巍峨山峦，风云涌起之时，充满磅礴的气势。

辛弃疾《贺新郎》：我觉君非池中物，咫尺蛟龙云雨。

释义：君本非凡人，有朝一日定可如蛟龙出海，抓住机遇，一举腾飞。

陈造《贺二石登科》：此去提衡霄汉上，鹏抟鲲运更论程。

释义：以鲲鹏之姿，展鲲鹏之志，天地广阔，定可有更为高远的前程。

李白《江夏使君叔席上赠史郎中》：希君生羽翼，一化北溟鱼。

释义：愿君突破世俗的束缚，实现生命的蜕变，翱翔于更广阔的天地之间。

杜甫《赠特进汝阳王二十韵》：霜蹄千里骏，风翮九霄鹏。

释义：愿君如踏霜而行的千里马，如借风飞翔的九霄鹏，发挥出自己的无限潜能。

司马光《之美举进士寓京师范此诗寄之》：鹰击天风壮，鹏飞海浪春。

释义：如雄鹰与天风搏击的壮美，如鲲鹏在壮阔的海浪中腾飞。

王冕《盆中树》：愿君移向长林间，他日将来作梁栋。

释义：愿君如树木扎根于更深厚的土壤之中，以自驱之力成为真正的栋梁之材。

刘象《鹭鸶》：摩霄志在潜修羽，会接鸾凰别苇丛。

释义：纵有凌霄之志，也需蛰伏与积累，未来一定会突破限制，实现腾飞。

杨申《四登科诗》：苦学酬身世，佳名播帝畿。

释义：所有付出都不会被辜负，个人的价值与美名定然会得到广泛的认可。

寓意事业有成的名字

定宇、政妍、京辉、元赫、培鑫。

璟煜、烁延、亦琨、锦庭、昭祺。

嘉绮、亿斓、凌薇、宇澄、令研。

沛妍、筠汐、清昱、砚亭、璟雯。

霆亦、颢安、玄扬、爵恩、世宗。

吏城、誉时、展明、毅辰、铄尧。

2.— 学识才华

欧阳修曾说："立身以立学为先，立学以读书为本。"意思是：修养品行从学习开始，学习以读书为根本。由此可见，古人起名时所看重的"述志"和"品德"，其根本都在于"学习"，这个寓意在现代社会仍不过时。

东汉王充在《论衡·实知篇》中提道："人有知学，则有力矣。"意思是：人有知识和学问，则会变得强大有力。确实如此，知识不仅能够开阔视野，带给我们新的启示和机会，还能帮助我们洞见世界、理解人性，改变我们的命运。因此，起名的时候，"学识"这个寓意也是人们所青睐的。

直接寓意

有些字，可以直接体现出学识、才华，比如，才、文、彦、博、知、斐等，用这类字起名，寓意知识渊博，有才华和文采。

| 贺知章 |

知书识礼，出口成章。简单的两个字，能够非常精准地形容贺知章其人。他作为唐代著名诗人、书法家，少时就以诗文知名，且书法品位颇高，擅长绝句和草隶，有代表作《回乡偶书二首》及草书《孝经》。

| 沈从文 |

此名虽为笔名，但意义深远。"从"意为随和、参与，"文"则指文采、才华。名字富有民国书生的气韵，又很符合他的身份特点。

此类可以直接入名，体现才华与学识的字，搭配另一个低调、谦和的字，组成的名字不会过于张扬、狂傲。我据此取出一些参考名字如下：

才谦、才杉、遇才、启才。

翕文、衍文、文霁、文钊。

彦词、倾彦、彦姝、甯彦。

博约、问博、博希、博苒。

知行、知源、知宜、笳知。

斐然、斐呈、斐悦、斐伊。

引申义

还有一些字，引申义中含有智慧、博学、有内涵的意思，在名字中，亦能体现学识和才华的寓意，比如：聪、言、语、婕、智、哲、颖、慧、杰、妍、聿等。

| 林语堂 |

名字第一眼就给人一种儒雅、优美的感觉，不仅非常有意境，也能体现出渊博的学识。语堂，仿佛是一个储存各种语言的殿堂，用作人名，更显妙语连珠、堂堂正正，符合他的形象和气质，语言大师当之无愧。

| 钱锺书 |

原名仰先，字哲良，改名为锺书。不得不说，哲良、锺书，都有一股浓郁的文人味道，体现出睿哲、书香之气，且钱锺书先生学贯中西，对中国的史学、哲学、文学等领域有深入研究，被誉为"博学鸿儒""文化昆仑"。

此类汉字起名，适合与"彰""显""怀""有"之类的字结合在一起，寓意才能加深，才华才得以呈现，如：

予聪、砺言、意婕、智恬、妍晞、聿恩。
妙语、怀哲、颖兮、荞聿、睿悠、鹿杰。
聪扬、言潇、聿鸣、芊婕、玟智、墨妍。
语泊、哲熠、栗颖、彰睿、涵聿、杰祎。

文艺才华

学识与才华，不单单局限于书本知识，还存在于人文、艺术方面，如绘画、音乐、雕塑、舞蹈……在起名的时候，人们常用笔墨纸砚、笙箫管笛来表示温润、儒雅的文化气息与艺术感，体现出文艺才华。

闻箫

出自苏轼《临江仙》："和风春弄袖，明月夜闻箫。""闻箫"二字，侧耳倾听，仿佛真的有缓缓流动的箫声在耳畔，意境十足，作为名字，寓意博学多闻，又非常有艺术才华。

刘诗诗

气质出众，颜值高，总给人一种淡然、恬静的感觉，很符合名字带有的诗意和美好，文艺气息十足，能够体现出自身的艺术才华。

可以参考的文艺风名字与用字：

墨衡、砚之、序棋、画城、诗桥。

鹿笙、辰箫、写宁、序歌、珞辞。

谦墨、霖砚、棋安、栩画、鹿诗。

笙烟、箫念、写恒、歌予、辞笑。

墨、砚、棋、画、诗、笙、箫、写、歌、辞。

内敛深远

虽然才华横溢的寓意十分美好，但是有些家长不喜太过高调、直白，更倾向于隐晦、含蓄的表达。一方面是避免人与名字不够相符；另一方面也是希望能够提醒孩子，不要卖弄自己的一知半解。

比如外国文学研究专家杨周翰，名字出自《诗经·大雅·崧高》："维申及甫，维周之翰。""周翰"意为"周朝首都的垣墙"，比喻国家的栋梁之材。以此为名，从表面意思来看，是稳重、坚毅的感觉，实则饱含期待与希望，整体给人谦和大气之感。

再如《庄子·齐物论》："大知闲闲，小知间间。"意思是：才智超群的人往往广博豁达，而那些只有小聪明的人则乐于细察、斤斤计较。从这句经典的词论中，可以取名"知闲"。寓意为：心胸宽广豁达的人，心中装有大格局、大世界。丰富的人生阅历会开阔人的事业，提高人生的价值追求。聪明才智者会着眼于长远利益而非执着于计较鸡毛蒜皮。取名知闲，寓意能够有开朗洒脱的人生态度，做事不拘小节。名字给人的第一感觉是一种"陶渊明"式的闲散安逸，细细品味更是意蕴无穷。

3. 健康平安

《诗经·小雅·天保》中有这样一句祝福："如月之恒，如日之升。如南山之寿，不骞不崩。"意思是：您像明月在天恒，您像太阳正东升；您像南山永长寿，永不亏损不塌崩。这句祝福，给人一种健康长寿、精力十足的感觉。

今时今日，父母对于孩子的期待仍是一致的，很多家长并不要求孩子有多大成就、有多少财富，而是认识到健康平安是根本。因此，名字中包含"健康平安"的寓意，是为人们所喜欢的。

在期望平安的这一类名字中，有一个简单又别致的名字，如汪涵之子汪十安，"十安"二字，寓意为：十方之地，皆得平安。"十方"为佛教用语，"十方世界"指东、南、西、北、东南、西南、东北、西北、上、下。"十方之地皆得平安"，就是指众生都平安的意思。名字非常大气，寓意中含有大爱。

直接寓意

此类名字可以采用的汉字有：

安、宁、平、泰、静、健、和、舒、康、顺、宓、寿、稳、靖、甯。

可以参考的名字：

安蓁、盛宁、钧平、书泰、允静、宗健。

和索、舒茉、聿顺、昕宓、岳稳、靖先。

安鸣、丝宁、铮平、泰洵、静泽、子健。

和意、舒誉、攸顺、知宓、松稳、靖予。

引申义

有些汉字字面没有健康、平安的意思，但是意象及引申义，可以代表平和安宁，此类字用来起名，可以体现健康平安的寓意。比如"鹤"字，因鹤有仙禽之称，高洁俊雅，又是长寿、吉祥的象征，野生鹤的寿命可达 50~60 年，用在名字中便寓意着长寿、健康。

如杜荀鹤，唐末杰出的现实主义诗人，"荀"为传说中的香草，结合"鹤"字，给人清雅、高洁之感。草木青青、仙鹤长寿，寓意健康平安，益寿延年。

可以参考的字：

桉、鹤、柠、蔚、佑、松、宜、全、湉、攸等，以及其他花草树木类的字，均可以引申为健康、有生命力。

可以参考的名字：

桉亦、星鹤、灿柠、蔚盈、佑奇、松沅。

妙宜、岁柏、全羽、向湉、心攸、芮玫。

桉然、鹤心、笑柠、恒蔚、呈佑、松妍。

绘宜、柏宁、全赫、奈湉、露攸、芮迎。

4.— 快乐轻松

在健康平安的基础之上,有些人更倾向轻松快乐的生活,希望学习、工作、生活都不要太辛苦,能够快乐、轻松地生活。这类人群,对于名字的寓意要求,就是快乐、轻松。

如"楚悦",出自梅尧臣《送王平甫拟离骚》:"与识吴兮吴乐,尝适楚兮楚悦。"作为名字,读音清脆动听,寓意楚楚动人,心情愉悦,生活中充满喜乐与幸福,是一个见之便能产生欣喜的名字。

可以参考的名字与用字:

乐澄、喜笳、悦之、笑昀、露怡、璟兴。

欣芷、楚愉、欢意、恺心、怿心、忻笙。

乐湉、喜延、鸣悦、笑谦、怡梦、兴畅。

欣甯、愉冉、正欢、司恺、含怿、忻朵。

乐、喜、悦、笑、怡、欣、愉、欢、恺、怿、忻。

5.— 富足无忧

西晋的鲁褒在《钱神论》中提道:"有钱可使鬼,而况人乎?"此句能够深刻体现出金钱的力量,因此很多人取名的时候,也会结合"富贵"之寓意。

如郭富城,"富"有富裕、富贵之意,引申为丰盛、充足,用在名字中,自然是有富贵、富足、衣食无忧的期待,结合"城"字,不仅象征心胸开阔,更有价值连城的贵气感。

当然,今时起名,更追求含蓄、内敛,因此在名字中表达富贵的寓意，不太用到直白的富、贵、财等字，多采用华贵、华丽寓意的字或者象征富贵的成语，比如，瑞、裕、盈、饶或者钟鸣鼎食、金玉满堂等。

可以参考的名字：

瑞含、裕之、盈珂、梦饶、锦荞。

佩恒、序琛、麒然、尊澄、宁臻。

瑞丝、裕宁、晞盈、乐饶、锦亦。

佩恩、琛苒、正麒、以尊、臻月。

6.— 高尚品德

品德，又称德行，指人的自然至诚之性，激励着一个人对自我的要求与约束。

比如词学专家唐圭璋，名字出自《诗经·大雅·卷阿》："颙颙卬卬，如圭如璋。""圭璋"是珍贵的玉器，比喻人品高尚，为世所重。

想要名字中体现高尚的品德，有两个思路：一是采用玉石类的字起名，体现人品的高洁、心灵的纯净和品格的高贵；二是采用相应的意象起名，体现自身期望的美好品质。

玉石类

玉石，给人温润、洁净、高贵之感，用在名字中，能够体现出一个人高洁的人品、端庄优雅的气质。

如南怀瑾，名字出自屈原《九章·怀沙》："怀瑾握瑜兮，穷不知所示。"国学大家南怀瑾，怀瑾握瑜，作为名字体现出高尚纯洁的品德，给人谦和、庄重的感觉，儒雅脱俗。

可以参考的名字：

云瑾、瑀荀、粟琪、羿琛、珑安。

苏瑶、君瑜、艺琼、司琳、玥然。

近珂、辰璠、璋荠、珞凡、木珩。

瑾含、瑀笙、星琪、烁琛、珑一。

玟瑶、少瑜、墨琼、予琳、观玥。

珂宇、乐璠、同璋、珞谦、煦珩。

意象类

有些植物、动物，因其自身的特点，用在名字中可以体现出人的美好品格，比如松柏、竹、春蚕、蜜蜂等。

如薛青松，其名出自"大雪压青松，青松挺且直"。以青松入名，带有松树的坚毅之感，代表苍翠欲滴，生命力强盛，不畏严寒和冰雪，能始终保持自己的姿态。

可以参考的名字：

自沅、洁然、初白、馥儿、丝荷。

伊纯、柏尘、卓正、知雅、简馨。

墨竹、展筠、烁坚、岩鹤、岢清。

沅梦、洁行、睦白、馥苒、锦荷。

笑纯、书柏、正融、承雅、馨淇。

竹溪、筠一、赫坚、劲岩、清羡。

当然，汉字成千上万，寓意丰富多彩，起名的寓意也并不局限于此，这里只是提供了一些参考，可以根据自己的实际情况，选择想要的寓意，让名字饱含期待和爱。

07 —— 让名字来源于经典

近年来，关于起名流行起一种说法：女《诗经》，男《楚辞》，文《论语》，武《周易》。这种说法从何而来不得而知，应是今人的总结。从经典典籍、诗词中起名确实是中国人自古便有的传统，尤其贵族子弟、文化家庭更注重名字的引经据典。

然而，引经据典绝不是简单地从书中翻两个字组合在一起，而是要让名字体现出这部经典最核心的思想，或体现出所引用的这一句的关键主旨，而不只是局限于男、女、文、武。

以此为目标，本文从先秦时期的四部经典《诗经》《楚辞》《论语》《周易》入手，总结其核心思想，力求起出既有丰富内涵，又符合现代审美的名字，以供参考。

名自《诗经》

《诗经》是我国第一部诗歌总集，其内容十分广泛，反映了西周、春秋时期政治、经济、军事、文化、世态人情、民俗风习各方面的情况，描绘了周代丰富多彩的社会生活、特殊的文化形态，揭示了周人的精神风貌和情感世界。"子曰:《诗》三百,一言以蔽之,曰:'思无邪。'"孔子认为这句话可以涵盖《诗经》的意义。所谓"无邪",即是符合西周时期的礼和德。《诗经》经由孔子删诗而定诗三百,也就确保其内容的"思无邪"。可见,孔子在论定《诗经》"思无邪"的特性之时,是从"礼"的方向引导而成。[1]

先秦时期的西周,民风淳朴,思想纯真,人们的生活观、爱情观都十分简单直接,文字质朴。因此,从《诗经》中起名,首先要以"礼"作底色,继而抓住其淳朴真实的思想感情、自然美丽的意象表达,兼顾其朗朗上口的韵律节奏,那名字自然也就浑然天成,"思无邪"也。

从起名角度,虽说有"女《诗经》,男《楚辞》"的说法,但我认为,若完全以此为标准,还是过于片面了。纵观古今名人之名,无论男女,起自《诗经》者不胜枚举。

唐代名相杜如晦,名自《诗经·郑风·风雨》:"风雨如晦,鸡鸣不已。"杜如晦字克明,为能明之意,能察是非。名与字,一晦一明,象征即使面对风雨交加的昏暗,仍能坚持自己的原则和信念。

著有《人间词话》的大学者王国维,曾名国桢,后改名国维,这两个名字均出自《诗经·大雅·文王》:"王国克生,维周之桢。"意为:王国得以成长发展,多亏了国家众多的优秀贤良人才。作为中国近现代相交时期一位享有国际声誉的著名学者,王国维先生确是贤良人才无疑了。

---

1. 刘书锋."思无邪"——《诗经》以诗的语言呈现的道德教化[D].北京:华北电力大学,2019.

当代药学家屠呦呦，名自《诗经·小雅·鹿鸣》："呦呦鹿鸣。"诗句描写的是一群鹿儿呦呦欢鸣，在原野啃食蒿草和芩草的情景。屠呦呦女士因为发现了抗疟药青蒿素而获得了2015年诺贝尔生理学或医学奖，也因此挽救了全球特别是发展中国家数百万人的生命。[1]

由此可见，从《诗经》中起名，男女皆可，大可不必拘泥于性别。而从起名方法上，大体有三种思路可以参考。

1.— 起富含韵律美的叠词

《诗经》中的叠词运用，可以说是惟妙惟肖。刘勰在《文心雕龙·物色》中说："'灼灼'状桃花之鲜，'依依'尽杨柳之貌，'杲杲'为出日之容，'瀌瀌'拟雨雪之状，'喈喈'逐黄鸟之声，'喓喓'学草虫之韵。"可见，《诗经》中的叠词运用，十分传神，值得借鉴。用于起名，自是一种独特的风采。

| 蓁蓁 |

《诗经·周南·桃夭》："桃之夭夭，其叶蓁蓁。"

《诗经》中的婚恋诗十分经典，《桃夭》主要描绘桃花盛开，美丽而繁华，桃叶纷呈，茂盛而繁密。从字形角度，"蓁"字草头在上，春字头在中，下部为禾，整个字都充满了草木新生、春日生机盎然的韵味。

取"蓁蓁"二字为名，韵律和谐，一方面寓意美若桃花，生

---

1. 刘仲华，商璐．屠呦呦获2015年诺贝尔生理学或医学奖[N]．人民日报，2015-10-06（1）．

活多姿多彩；一方面寓意婚姻美好幸福，家族繁荣兴盛。

| 昭昭 |

《诗经·鲁颂·泮水》："其马蹻蹻，其音昭昭。"

诗句通过描写鲁侯坐骑的强壮，鲁侯本人声音的洪亮，烘托其气势不凡、威严十足。

昭昭，为明亮、爽朗之意。以"昭昭"二字为名，自有光明之感、大气之风，寓意为人光明磊落，头脑亦是十分清晰明白。

| 菁菁 |

《诗经·小雅·菁菁者莪》："菁菁者莪，在彼中阿。"

诗句主要描写生长在山坳的莪蒿葱茏茂盛，通过反复吟诵"菁菁者莪"，引出下文见到君子时喜乐无忧的心情，以此烘托出愉悦的心情。

以"菁菁"为名，既有叠词的连绵韵律，也从音律和寓意中体现着生机勃勃、活力充沛、顽强健康的生命力。

2. 起有美好象义的双字名

《诗经》中，适合起名的部分，其主要内容可以抽象概括为描写水象义、君子象义、美玉象义与动植物象义等。构思双字名时，要注重意象与所表达品质的统一性，注重用字搭配的合理性与美感。

| 明赫 |

《诗经·大雅·大明》："明明在下，赫赫在上。"

诗句以光明普照赞美文王的广大明德。"赫"为明亮显著之意，"明"为灿烂夺目之意，二字结合，寓意人生显赫有光彩，聪明智慧，也寄托了"德厚流光"的深刻含义。

| 如星 |

《诗经·卫风·淇奥》："有匪君子，充耳琇莹，会弁如星。"

诗句以耳配美丽良玉，帽镶宝石，象征真君子的高雅品行。名字以"如星"之宝玉之状，象征为人如玉般有着高雅的品行，期许星光闪烁，人生璀璨耀眼。

| 竹猗 |

《诗经·卫风·淇奥》："瞻彼淇奥，绿竹猗猗。"

《淇奥》全诗共分为三章，每一章前两句形式相同，分别为"绿竹猗猗""绿竹青青""绿竹如箦"。这其中的"猗猗""青青""如箦"，体现了绿竹成长的递进过程，通过绿竹的日渐繁盛茂密，以起兴后文君子的仪容举止。

取"竹猗"二字为名，不仅体现《诗经》的用词特色，也象征希望为人如竹一般，品行端正，踏实前行，不断充实自我，成为内外兼修的良善之人。

| 鹤鸣 |

《诗经·小雅·鹤鸣》："鹤鸣于九皋，声闻于野。"

诗句意为仙鹤鸣于幽幽沼泽，声音清亮传四野。以仙鹤声音高亮清澈表达贤才拥有的品质。

"鹤鸣"寓意为人清奇不凡，志行高洁，如云中白鹤，能发出自己的声音，一鸣惊人，震动四野。

| 显允 |

《诗经·小雅·湛露》："显允君子，莫不令德。"

诗句以"显允"一词赞美君子光明磊落、美好德行。

取"显允"二字为名，寓意光明磊落、诚信忠厚，人品高尚、德行美好。也象征允文允武,能够呈现才华。

| 柔嘉 |

《诗经·大雅·烝民》:"仲山甫之德,柔嘉维则。"

诗句直接夸赞了仲山甫贤良具美德,温和善良有原则的高尚品质。

名字美好温暖,寓意德行美好。从字义上看,柔为温和,指外在显现出来的温和态度,和蔼可亲;嘉为美好,指内在德行美好。寓意内外兼修。

3.— 起独具特色的单字

作为我国第一部诗歌集,《诗经》中有许多独具风采的汉字,其寓意、字形、音律美好,用来起名,一看便知是出自《诗经》。例如:

| 雎 |

《诗经·周南·关雎》:"关关雎鸠,在河之洲。"

《诗经》中往往用物,特别是动物形象来表达感情,飞鸟形象是一大典型。如《关雎》,便是借"雎"的意象来写青年男女相悦相爱。从《诗经》中取单字,可以直接与姓氏组合成单字名,也可以另搭配一个字组成寓意更丰富的双字名,如2016年热播剧中的角色"关雎尔",仅凭名字便惊艳了很多人。

两字名参考:

| 雎宁 | 爱情美好,生活安宁。

| 雎念 | 彼此相悦,相互惦念。

| 葭 |

《诗经·秦风·蒹葭》:"蒹葭苍苍,白露为霜。所谓伊人,

在水一方。"

上文"雎"字,以飞鸟意向传达感情,"葭"字,则以物象表达感情。此诗以"蒹葭苍苍,白露为霜"起兴,其中"蒹葭"的当代注解一般将其释为:"芦苇"……蒹小而中实,凡曰荻,葭大而中空,凡曰芦苇。[1]诗句以"苍苍"一词,形容矮小的荻与高大轻飘的芦苇在秋风中错落有致地摇曳,画面感油然而生。因此,"葭"字可单独使用,亦可以搭配一些具有动态美感的字,如:

| **葭映** | 芦苇在日光映照下,漾着金色的光辉,增添了日光下的宁静与惬意感。

| **葭迎** | 芦苇迎风舞蹈,迎字赋予"葭"字以生命力。

| **笙** |

《诗经·小雅·鹿鸣》:"我有嘉宾,鼓瑟吹笙。"

《小雅·鹿鸣》是《诗经》的"四始"诗之一,整首诗描写宴会宴饮的欢快之情。"笙"作为宴会带动情感的乐器,起着非常重要的作用,也是全诗欢乐氛围的重要意象。

笙,作为一种乐器,有笙箫、笙歌之意,也象征着高雅的文艺,用于人名也寓意有音乐方面的才能。可以单独使用,亦可搭配一些贵气感的形容词,如:

| **珑笙** | 既体现了笙之形的贵气,也体现了笙之音的典雅。

| **礼笙** | 格外能体现出《诗经》的礼乐文化精神。

以上便是我结合《诗经》主题思想、艺术手法等方面总结的

---

1. 易卫华,刘华丽.情因景生,景以情合——对《蒹葭》意象含义的细读[J].河北广播电视大学学报,2021,26(3):51.

一些起名方法。当然,《诗经》的精华绝不止于此,以上可作为思路参考。接下来,我整理出了更多名字及出处,可以自行取用。

| 君阳 |

出处:"君子阳阳,左执簧,右招我由房,其乐只且!"(《诗经·君子阳阳》)

寓意:喜气洋洋。

推荐姓氏:周、李、林、彭、王。

| 君陶 |

出处:"君子陶陶,左执翿,右招我由敖,其乐只且!"(《诗经·君子阳阳》)

寓意:喜乐陶陶。

推荐姓氏:章、陈、何、张、孟。

| 维民 |

出处:"敬慎威仪,维民之则。"(《诗经·抑》)

寓意:行为举止谨慎,成为民众行为的标准。

推荐姓氏:江、宋、肖、孔、马。

| 未晞 |

出处:蒹葭萋萋,白露未晞。(《诗经·蒹葭》)

寓意:描写清晨芦苇上的露珠。

推荐姓氏:徐、白、路、闫、董。

| 纯熙 |

出处:於铄王师,遵养时晦。时纯熙矣,是用大介。《诗经·酌》

寓意:赞美国家形势光明。

推荐姓氏:乔、刘、姜、杨、金。

姓、名一体的名字可参考：

| 穆清风 |

出处：吉甫作诵，穆如清风。(《诗经·烝民》)。

寓意：形容乐声和美如清风。

| 陶夭夭 |

出处：桃之夭夭，灼灼其华。(《诗经·桃夭》)

寓意：形容桃花娇艳美丽。

| 姚淑之 |

出处：窈窕淑女，君子好逑。(《诗经·关雎》)

寓意：形容女子德行美好。

| 颜舜华 |

出处：有女同车，颜如舜华。(《诗经·有女同车》)

寓意：形容女子容貌美好。

| 方为则 |

出处：岂弟君子，四方为则。(《诗经·卷阿》)

寓意：形容君子和气近人，垂范天下万民随。

| 钟乐之 |

出处：窈窕淑女，钟鼓乐之。(《诗经·关雎》)

寓意：象征女子德行美好，优秀出众，受人仰慕敬爱。

名自《楚辞》

楚辞是战国时候产生在楚地，由屈原吸取楚地神巫文化和民间歌谣的特色而创造的一种新诗体，又称为"骚体"。西汉末年刘向将这种辞体诗歌编辑成集，名为《楚辞》，收录了屈原《离骚》

《天问》《九章》《九歌》及其他辞体作家作品。

《楚辞》中的作品分为三类：第一类为屈原自作，包括《离骚》《九歌》《天问》《九章》《远游》《卜居》和《渔父》；第二类是后人为屈原所作，包括《招魂》《大招》和《招隐士》；第三类为后人仿屈原所作，包括《九辩》《惜誓》《七谏》《哀时命》《九怀》《九叹》和《九思》。

首先，屈原最著名的代表作《离骚》，也是最能够体现《楚辞》整体含义的诗篇，其主要思想主题是屈原在追求外在功业的同时，亦追求内在修养，带有一定的思想教化作用，体现了屈原独立峻洁、坚贞不屈的主人公形象。其次，屈原在其诗篇中所创造的"香草""美人"的意象独具欣赏价值，体现出瑰奇的想象力，情感浓烈，是浪漫主义的奠基人。此外，《楚辞》中独有特色的"兮"字运用，也呈现出了一种回环往复的韵律美。

因此，有家国情怀之人，不乏以《楚辞》作为起名出处者。

著名文学家朱自清，原名自华，据说他当时改名就参考了《楚辞》。"自清"出自《卜居》："宁廉洁正直以自清乎？"意为应该廉洁正直洁身自处。

京剧表演艺术家梅兰芳，原名澜，字畹华，其"畹"字出自《楚辞》："余既滋兰之九畹兮，又树蕙之百亩。"父母为其起"畹华"一名，即希望他成人后能像屈原一样，具有"兰蕙"一类香草的"清香"，百世流芳。很巧的是，梅兰芳的艺名由"喜群"改为"兰芳"，同样是出自《楚辞》："白玉兮为镇，疏石兰兮为芳。"白玉象征着洁白无瑕，石兰象征着芳香四溢，表达了一种坚贞不屈、洁身自好的品质，即使面临困难和挑战，也要保持自己的高洁和香气，这也跟梅兰芳的爱国主义精神和民族气节如出一辙。

由此可见,《楚辞》不论是追求语言艺术的特色、浪漫大气的风格,还是追求高洁坚贞的人格、九死不悔的"美政"理想,都值得借鉴参考。

下文本着尊重《楚辞》本身风格内容的角度出发,起了一些能够体现书中思想风格的名字,并且将所起名字分为三大类,分别为"美政"理想、高尚人格、浪漫主义风格。

1.—"美政"理想

"美政"是屈原政治理想的核心。"美政"一词出现在《离骚》的结尾一节:"既莫足与为美政兮。"

屈原的"美政"理想主要包括以下几点:

第一,国君应修身立德。"夫维圣哲以茂行兮,苟得用此下土。"

第二,修明法度。屈原的思想体系融合了儒家、法家、兵家的元素。据《史记》记载,屈原曾被怀王命令制定"宪令",《离骚》中的"规矩而改错"表明屈原受命制定政令法度,旨在通过政治改革整肃朝纲。

第三,举贤授能。《离骚》中提道:"举贤而授能兮,循绳墨而不颇。"

第四,打击朋党。《离骚》中的"惟夫党人之偷乐兮,路幽昧以险隘"和"惟此党人之不谅兮,恐嫉妒而折之"展现了屈原对结党营私者的强烈痛恨。

| 既明 |

《九歌·东君》:"抚余马兮安驱,夜皎皎兮既明。"

诗句意为主人公轻轻扶着马慢慢地行走,从皎皎月夜走到天色明亮。再长的夜也有天亮之时，这是屈原追求"美政"理想的坚持不懈精神，也是屈原对国家君子以及后辈的希冀。

以"既明"为名，能体现一种豁达乐观的精神态度，也代表对自我理想的不懈追求。

| 未晏 |

《离骚》："及年岁之未晏兮，时亦犹其未央。"

诗句意为趁现在年轻还大有作为啊，施展才能还有大好时光。这句话表达了屈原对光阴流逝的叹息，体现出他追求"美政"理想的迫切心情，也可理解为是屈原一番语重心长的劝诫：趁着大好时光，去追求理想吧。

未晏，即未晚。以此为名，充满希望感，寓指一切都还来得及，畅快去做，有一种理想必将实现的豪情。

| 峻茂 |

《离骚》："冀枝叶之峻茂兮，愿俟时乎吾将刈。"

前文写屈原栽种了许多香草，后文便希望它们都枝繁叶茂，等待收成的那一天。其实也表现出屈原对于"香草美人"人格的向往，更是希望自己所追求的"美政"理想能够有好的结果。

2.— 高尚人格

在《楚辞》的描述中，屈原的外在形象极为独特：肩披江离，身佩秋兰、白芷，身着荷叶荷花作衣裳，戴着高高的帽子，佩戴长长的佩带，饰以五彩缤纷、香气四溢的装饰；内在形象表现为"哀民生之多艰""虽九死其犹未悔""伏清白以死直兮"。屈原不仅有"内美"，而且重视"修能"，展现了其内外兼修、高洁儒雅的形象，使诗歌中的人物形象具有经久不衰的典型性。

| 唯昭 |

《离骚》:"芳与泽其杂糅兮,唯昭质其犹未亏。"

芬芳的香草和污浊的汗衣混杂在一起,唯有我光明洁白的品质没有受到侵袭。

这句诗表现出屈原内在人格的坚贞与洁白,即使身处污浊,也能保持一颗洁净的心。以"唯昭"为名,希望能够拥有像屈原一样光明洁白的品质,也希望未来前途光明辽阔,无论身处何处,要坚守自我,保持本心。

| 珵美 |

《离骚》:"览察草木其犹未得兮,岂珵美之能当?"

此句中,诗人讽刺有些人连草木好坏都分辨不清,怎么能够正确评价玉器?体现出屈原清高的灵魂,不愿与恶俗同流合污,时时刻刻保持自身美好洁净。

珵美即"美珵",美玉。以此为名,高贵清雅,希望能够如美玉般高尚、有才华,也希望能够得人赏识,绽放光彩。

| 秉德 |

《九章·橘颂》:"秉德无私,参天地兮。"

《九章·橘颂》是中国诗歌史上第一首出色的咏物抒情诗。南宋刘辰翁据此称屈原为"千古咏物之祖"。全诗托物言志,通过对橘树的赞颂,表现了屈原高洁坚贞的君子之德,具体可包含以下四个方面:

一是坚贞不移的爱国情志;二是纷缊宜修的修身理想;三是独立不迁的高洁人格;四是秉德无私的政治节操。

此句主要夸赞橘树无私的品行,能与天地相比相合。"秉德",

即与天地相合，保持美好的品德。

| **嘉树** |

《九章·橘颂》："后皇嘉树，橘徕服兮。"

嘉树，嘉美之树。全诗赞美此树，受天帝之命，志向专一，参天地兮。以此为名，自然是最好的称颂与赞美，也怀有最真诚的希冀与寄托。

3. 浪漫主义风格

《楚辞》为中国第一部浪漫主义诗歌总集，开创了具有中华美学的浪漫传统，全书有许多富有神奇色彩的浪漫描写，能够很好地体现《楚辞》的语言风格色彩，可用于起一些大气洒脱的名字。

| **乘骐** |

《离骚》："乘骐骥以驰骋兮，来吾道夫先路！"

诗句大气豪迈，表达了屈原愿意为楚怀王开路，指引正确方向的决心，体现出其忠贞的爱国感情与豁达付出的心态。

"乘骐"二字，凭借骏马飞驰，不畏前行，不论是做领路人还是创新者，都甘愿付出引路。名字既体现出慷慨的人格，也体现出开拓者的格局。

| **浩扬** |

《九歌·河伯》："登昆仑兮四望，心飞扬兮浩荡。"

这首诗开篇就以开阔的视野，通过主祭者的视角对黄河（河神）的伟大雄壮进行了描述。河伯驾驭龙车，溯流而上，一直飞到黄河的发源地昆仑山。来到昆仑，登高一望，面对浩浩荡荡的黄河，不禁心胸开阔，意气昂扬。

以"浩扬"为名，呈现出心绪随着浩荡黄河飞扬的开阔感。

| **繁音** |

《九歌·东皇太一》："五音纷兮繁会，君欣欣兮乐康。"

《东皇太一》是一首祭祀春神之歌，希望其愉悦地降临人世，给人间带来万物复苏、生命繁衍、生机勃发的新气象。

此句主要描写人们钟鼓齐奏、笙箫齐鸣，以使欢乐气氛达到最高潮，春神安康欣喜。

以"繁音"为名，取诗篇中欢乐演奏的音乐氛围，给人"音乐与生活美好交融"的画面感，让人沉醉其中。

| **云容** |

《九歌·山鬼》："表独立兮山之上，云容容兮而在下。"

此句表现出主人公独自一人伫立高高山巅，云雾溶溶，脚下浮云舒卷的景象。"云容"二字，一方面指云雾缥缈之形态，淡然自若；另一方面，结合诗句，则展现出缥缈、忽隐忽现的神秘色彩。

其他名字参考如下：

| **成言** |

出处：初既与余成言兮，后悔遁而有他。（《楚辞·离骚》）

寓意：诚信之言。

推荐姓氏：于、李、方、赵、曹。

| **江离** |

出处：扈江离与辟芷兮，纫秋兰以为佩。（《楚辞·离骚》）

寓意：香草名，寓意纯洁高尚。

推荐姓氏：孔、乔、苏、杜、郭。

| **茂行** |

出处：夫维圣哲以茂行兮，苟得用此下土。（《楚辞·离骚》）

寓意：拥有美好的德行。

推荐姓氏：陈、年、林、姜、高。

| 思博 |

出处：思九州之博大兮，岂惟是其有女？（《楚辞·离骚》）

寓意：心胸开阔，思想博大。

推荐姓氏：刘、王、潘、兰、张。

| 容与 |

出处：时不可兮再得，聊逍遥兮容与。（《楚辞·九歌》）

寓意：舒缓放松的样子。

推荐姓氏：齐、宋、金、夏、顾。

名自《论语》

《论语》，语录体文集，主要记载孔子及其弟子的言行，是儒家经典之一。

《论语》记录了中国古代思想家孔子及其弟子的言行和思想观点。《论语》通过列举众多真实的对话和故事，传达了一系列重要的思想和价值理念，表达了对人际关系、道德伦理、政治治理、教育等方面的思考与倡导，旨在引导人们追求道德和智慧，塑造良好的个人品质和社会风貌。

孔子的思想内容很丰富，其核心是"仁"论，贯穿了他的哲学、政治、教育、伦理、文化主张的诸多方面，即所谓"一以贯之"。[1]

---

1. 张燕婴（译注）. 论语 [M]. 北京：中华书局，2006.

《论语》虽为语录，但都辞约义富，有些语句、篇章形象生动，其主要特点是语言简练，用意深远，有一种雍容和顺、纡徐含蓄的风格。从《论语》的价值和孔子的地位来说，中国人在起名的时候，其自然是必要的参考书目。

唐代诗人张若虚，有名作《春江花月夜》，据说他的名字便出自《论语·泰伯》："有若无，实若虚。"出处衔接上下文的意思是：希望人们始终保持谦虚不自满、虚怀若谷的态度。张若虚的诗文，描写细腻，音节和谐，清丽开宕，富有情韵，与其名字的内敛、谦和相符。

诗人白居易的弟弟名为白行简，这对兄弟的名字，居易、行简，我是非常喜欢的。据说白行简的名字出自《论语·雍也》："居敬而行简，以临其民，不亦可乎？"意思是：居心恭敬严肃而行事简要，要像这样来治理百姓。

因此，从《论语》中起名，比较重要的是体悟先贤之思想，践行美好的品德。我精选《论语》中的名句，从中起出体现孔子思想的名字，可以参考。

| 乐之 |

《论语·雍也》："知之者不如好之者，好之者不如乐之者。"

对于学习或学问，仅仅了解它的人不如真正爱好它的人，而爱好它的人又不如那些以学习或研究为乐趣的人。

以"乐之"为名，希望为人拥有对于知识的求知与好奇之心，有自己的兴趣点、目标，并能够为之探索和努力，且"乐"字阳光大方，结合"之"字，为名字增添了别致的韵味。

| 弘毅 |

《论语·泰伯》："士不可以不弘毅，任重而道远。"

作为有抱负和地位的人士，必须具备宽广和坚韧的品质，因为责任重大，道路漫长。

名字非常能够体现儒家之思想，一位仁人志士，责任重大，前途漫漫，自然要有坚韧的品性和毅力。以"弘毅"为名，颇有天下关怀之仁，寓意为人能树立远大目标并为之努力。

| 仁静 |

《论语·雍也》："知者动，仁者静。知者乐，仁者寿。"

聪明的人好动，有仁心的人喜静。以"仁静"为名，端庄大方，很适合书香之家，寓意性格恬静美好，具有仁义之心，为人有静气，颇为大气雅致。

| 务本 |

《论语·学而》："君子务本，本立而道生。孝弟也者，其为仁之本与！"

君子致力于根本性工作，根本确立了，正道就随之产生了。"务本"作为名字中正大气，寓意为人求真务实，实事求是，能够看到事物的本质，抓住根本。

| 九思 |

《论语·季氏》："君子有九思：视思明，听思聪，色思温，貌思恭，言思忠，事思敬，疑思问，忿思难，见得思义。"

孔子通过"君子有九思"，全面概括了人言行举止的各个方面，他要求自己和学生们的一言一行都要认真思考和自我反省，这里包括个人道德修养的各种规范，如温、良、恭、俭、让、忠、孝、仁、义、礼、智。名字中含有"思"字，颇具智慧之感，寓意好学善思，符合孔子对于学习的思想，教导人们要认真思考为人处世的方方面面。

此中还可以起名：思明、思聪、思恭、思忠、思敬、思问、思义。

| 三省 |

《论语·学而》："吾日三省吾身：为人谋而不忠乎？与朋友交而不信乎？传不习乎？"

数字入名，简约别致，且"三"这个字十分特殊，有"多次"之意。结合省字，有多次反省、审视、觉悟之意，用于人名，有警醒的作用。作为君子，每日自我审察，亦是一种具有极高的道德修养的体现。

| 知新 |

《论语·为政》："温故而知新，可以为师矣。"

温习旧知识从而得知新的理解与体会，凭借这一点就可以成为老师了。"知新"二字为生活中的常见字，但是寓意是十分丰富的：一方面寓意温故知新，从学过的知识中得到新理解和体悟；另一方面，从字面意思来说，知新，知道新的事物，寓意打开自己的视野，乐于接纳新鲜事物，有好奇心和包容心。

| 多闻 |

《论语·季氏》："益者三友，损者三友。友直，友谅，友多闻，益矣。友便辟，友善柔，友便佞，损矣。"

与正直的人交朋友，与诚信的人交朋友，与知识广博的人交朋友，是有益的。"多闻"二字颇有民国风的味道，用字简单常见，组合起来别致脱俗，具有勉励之意，希望多多听、多多学、多多懂，不仅有能丰富自身的内涵，亦是一种正直益友的修养。

| 敏行 |

《论语·里仁》："君子欲讷于言而敏于行。"

此句表达的是：君子应该注重实际行动而并非口头表达，启示人们在做事时要脚踏实地，实践出真知。

敏行，即行事、行动敏捷，勤快，善躬身于实践。在古代，做到这两条的可以称之为君子；在现代社会，一切事物的发展和变化都十分迅速，"敏行"就变得更为重要，作为名字更有"抓住时机"的意味，寓意谨言慎行、行动迅捷。

以上只是《论语》中的一部分名字，我整理出了更多名字及其出处，可以自行取用。

| 习之 |

出处：学而时习之，不亦说乎？（《论语·学而》）

寓意：感受不断学习和实践带来的愉悦和满足。

推荐姓氏：时、石、钱、郑、艾。

| 闻道 |

出处：朝闻道，夕死可矣。（《论语·里仁》）

寓意：追求"道"和真理的执着。

推荐姓氏：章、钟、毕、须、喻。

| 依仁 |

出处：志于道，据于德，依于仁，游于艺。（《论语·述而》）

寓意：以"仁"为内心的支撑。

推荐姓氏：周、秦、孟、孔、韩。

| 择善 |

出处：择其善者而从之，其不善者而改之。（《论语·述而》）

寓意：虚心求教、明辨是非。

推荐姓氏：徐、齐、李、严、董。

自厚

出处：躬自厚而薄责于人则远怨矣。（《论语·卫灵公》）

寓意：严格要求自我。

推荐姓氏：申、王、陈、杨、金。

君泰

出处：君子泰而不骄。《论语·子路》）

寓意：安静坦然、不骄傲。

推荐姓氏：赵、吴、冯、曹、岳。

三隅

出处：举一隅，不以三隅反，则不复也。（《论语·述而》）

寓意：举一反三、聪慧睿智。

推荐姓氏：雷、贺、萧、顾、林。

怀之

出处：老者安之，朋友信之，少者怀之。（《论语·公冶长》）

寓意：胸怀宽广、敬老爱幼。

推荐姓氏：许、苏、汪、穆、高。

德言

出处：有德者必有言。《论语·宪问》）

寓意：品德高尚、讲理明理。

推荐姓氏：卫、邹、安、谈、宋。

慎行

出处：慎行其余，则寡悔。《论语·为政》

寓意：谨言慎行、减少悔过。

推荐姓氏：陶、潘、罗、唐、祝。

名自《周易》

在儒家经典中,《周易》被尊为"六经之首",尊享着无比崇高的地位。而在道家经典中,《周易》也享有其在儒家经典中的地位,被道家奉为"三玄之冠"。真正算得上是"群经之首,大道之源"。

乾隆主持编撰了《四库全书》,在《四库全书总目提要·易类》中写道:"又《易》道广大,无所不包,旁及天文、地理、乐律、兵法、韵学、算术,以逮方外之炉火,皆可援《易》以为说,而好异者又援以入《易》,故《易》说愈繁。"可见,《周易》所涉范围广阔,不只是世俗意义上的占卜、占卦之书。

骆宾王,字观光,唐代文学家、诗人,"初唐四杰"之一。其名与字皆出自《周易·观卦》:"观国之光,利用宾于王。"意为观仰了解国都的光辉宏大,利于成为天子的贵宾。[1]

陆羽,字鸿渐,唐代茶学家。其名与字亦皆出自《周易·渐卦》:"鸿渐于陆,其羽可用为仪。"意为鸿雁渐进于高山,其井然有序的飞翔状态可以成为效法的榜样,吉祥。

以《周易》作为起名依据,我以为,名字的总体思想风格,可以紧扣"洁静精微"四字。

《礼记·经解》:孔子曰:"入其国,其教可知也!其为人也:温柔敦厚,《诗》教也;疏通知远,《书》教也;广博易良,《乐》

---

1. 廖名春.《周易》经传十五讲[M].北京:北京大学出版社,2004.

教也；洁静精微，《易》教也；恭俭庄敬，《礼》教也；属辞比事，《春秋》教也。"

孔颖达《礼记正义》："《易》之于人，正则获吉，邪则获凶，不为淫滥，是洁静。"

"洁静"，言《周易》是教育人们从善去邪的洁静之道。"精微"，精深微妙，言《周易》阐明宇宙万物变易之理，精妙深奥，广大悉备。

"洁静"在于思想、情绪平和纯净，无杂念，"精微"在于科学冷静，头脑清醒，充满智慧，充满探究精神。所以在起名时，也应当尊崇其内在思想，从名字中体现《周易》所含思想、胸怀的博大与奇妙，从名字中体现诸多为人处事的道理。

以下名字可以参考。

| 鸣谦 |

《周易·谦卦》："鸣谦，贞吉。"

《谦卦》讲的是谦虚就能受益的道理，鸣，为说话、言说之意[1]。此句意为，谈吐谦虚，持之以恒，可获吉祥。用于名字中，也能自我提醒吸取谦虚的智慧。

| 童蒙 |

《周易·蒙卦》："童蒙，吉。"

《蒙卦》讲的是教育的原则，教育成功与否，主要在于学生的主动性和积极性。《论语》讲"不愤不启，不悱不发"。《周易》启发求学者要有至诚之心。每个人都会受困于某方面的蒙昧之中，积极、主动地求学，才能脱离蒙昧，获得吉利。"童"在此处为脱离

---

1. 廖名春.《周易》经传十五讲[M].北京：北京大学出版社，2004.

之意，因此，"童蒙"的意思是，脱离蒙昧，才能吉利[1]。作为名字，亦是对自我的勉励。

| 孚嘉 |

《周易·随卦》："孚于嘉，吉。"

《随卦》讲的是随从、追随的道理。随从善，就会亨通，要有原则，有诚信，从君子而不从小人。"孚于嘉"指的是诚信得到嘉美，自然会吉利。"孚"为诚信，"嘉"为善美，意指作为君子，讲诚信、亲君子，自然能做到亨通无咎。

| 允升 |

《周易·升卦》："允升，大吉。"

《升卦》讲的是上升的道理，意思是，做到诚信，就能上升，就能大为激励。"允"为诚信之意。《尔雅·释诂上》有言"允，信也"，"允，诚也"。《周易》反复讲述着为人处世的道理，细细推敲，皆是做人的智慧与做君子的准则。

| 经纶 |

《周易·屯卦》："云雷，屯；君子以经纶。"

"屯"的本意是草木初生，《屯卦》讲的是初创艰难的问题，强调不要轻举妄动，要团结和利用盟友做事。成语"满腹经纶"就是出自此，经纶，意为治理，是一个有关织丝的动词，如织布一样，直的丝为经，横的丝为纶，亦为纵横之意[2]。因此"满腹经纶"不仅是指文学方面的才华，更是治理、经营的纵横之道。

---

1. 廖名春.《周易》经传十五讲[M].北京：北京大学出版社，2004.
2. 金景芳，吕绍纲.周易全解（修订本）[M].上海：上海古籍出版社，2005.

易简

《周易·系辞上》:"乾以易知,坤以简能。易则易知,简则易从。……易简而天下之理得矣。"

"易"是容易,"简"是简单。乾为天,容易知晓,坤为地,可以简单地依循去做。因此,《周易》并非是多么高深神秘的学问,正如金景芳先生在《周易全解》中所言:"天下的道理,不过易简而已。"作为名字,易简虽然简明,却是《周易》的核心精神所在。

知微

《周易·系辞下》:"君子知微知彰,知柔知刚,万夫之望。"

知微,意为能看出事物发展的苗头与趋势。唐代史学家刘知几的名字中"知几"二字也是出于此。孔子言:"知几其神乎?"几,为"动之微",在事物发展的开始阶段就能看清趋势,自然能得万民仰望。因此,"知微"看似平和细腻,却是个十分睿智大气的名字。

立诚

《周易·文言传》:"忠信,所以进德也;修辞立其诚,所以居业也。"

修辞立其诚,诚即是前面讲的忠信。内心有忠信的人才能"修辞立其诚",讲话必须一字是一字,容不得半点虚假,心口如一,方是"立其诚"。

含光

《周易·文言传》:"坤至柔而动也刚,至静而德方。后得主而有常,含万物而化光。"

此处"含万物而化光",同《周易·象传》中的"含弘光大",

含是无所不包，弘是无所不有，光是无所不著，大是无所不被[1]。意思是，地德深厚，无所不包容，无所不持载，万物在"坤"这个伟大深厚的环境中生存、驰骋，自然是顺畅亨通的。

以上只是《周易》中的部分名字，我整理出了更多名字及出处，可以自行取用。

| **养正** |

出处：蒙以养正，圣功也。（《周易·彖传》）

寓意：涵养正道。

推荐姓氏：周、张、曹、金、岳。

| **咸宁** |

出处：首出庶物，万国咸宁。（《周易·彖传》）

寓意：普遍安宁。

推荐姓氏：孔、陆、万、安、朱。

| **中观** |

出处：大观在上，顺而巽，中正以观天下。（《周易·彖传》）

寓意：居之中正，观示天下。

推荐姓氏：郑、王、林、李、高。

| **龙德** |

出处：龙德而正中者也。（《周易·文言传》）

寓意：圣人之德。

推荐姓氏：龙、赵、施、曹、甄。

---

1. 金景芳，吕绍纲.周易全解（修订本）[M].上海：上海古籍出版社，2005.

| 泰安 |

出处：履泰然后安，故受之以《泰》，《泰》者，通也。（《周易·序卦传》）

寓意：因而亨通顺利，然后安定平静。

推荐姓氏：齐、宋、金、路、顾。

以上便是我从四部经典中，结合其核心思想起的名字。当然，除此之外，仍有许多古籍都有其优秀思想与优美文辞，尽可结合起名。我以此四部经典，抛砖引玉，余者暂不赘述。

08 ——让名字来源于诗词

从经典名著中起名,重点在于抓住其内容的核心要义。而从诗词中起名,更多考究的是名字有没有表现出诗句所描绘的意境,有没有表达出诗词作者的思考与情感。

现在家长经常用来作为标杆参考的几个名字,如孟晚舟、江疏影、白敬亭,皆出自诗词。

| 孟晚舟 |

出自宋代才女李清照的词《如梦令·常记溪亭日暮》:"常记溪亭日暮,沉醉不知归路。兴尽晚回舟,误入藕花深处。争渡,争渡,惊起一滩鸥鹭。"

这首词是李清照少年时期所作,表现了少女自由任性的情趣,词中洋溢着青春欢快的气息。单论名字而言,"晚舟"体现的是日暮之时小船归家的画面,有尽兴而归的喜悦,也有夜色归家的安然。但很多人都说,喜欢孟晚舟这个名字的"大气",不得不说,这是把对孟女士的个人滤镜加到名字上了,是孟女士个人的经历与形象造就了"孟晚舟"这个名字的气质。

"晚舟"只是两个普通常见的字,妙在姓氏为"孟",孟字本意指同辈中最长，亦有大的意思，读音干脆利落，自然带着一些大气感；而读音又同"梦"，与"晚"字又有所呼应，带了一些浪漫感。因此姓氏孟对晚舟此名又是有所加分，若换成王晚舟、陈晚舟却也不复孟晚舟的意境了。

江疏影

出自北宋林逋的七律《山园小梅》："众芳摇落独暄妍，占尽风情向小园。疏影横斜水清浅，暗香浮动月黄昏。"

林逋最喜植梅养鹤，自谓"以梅为妻，以鹤为子"，人称"梅妻鹤子"。这一首诗尤其写出了梅花的幽香与意境：梅枝在水面上映照出稀疏的倒影，淡淡的芳香在月下黄昏中浮动飘散。取"疏影"二字作名，结合出处来看的确非常有画面感，而江疏影又是娱乐圈里拥有硕士学位的高知美女，所以这个名字一时在大家心中就拥有了有文化、有内涵、高知、美丽这些特质，几乎每个家长举例自己喜欢的名字都会提到，想要像江疏影这样有出处的名字。

抛开这些滤镜，我们客观来看一下这个名字。"疏影"，疏朗的影子，一般是和月色连用，似乎也谈不上多么出彩、多么有内涵。若说妙，首先便妙在了姓氏为"江"，江面上疏朗的影子，很自然联想到月光下的树影、花影，意境感似乎强了一些，但若姓氏不是江，改成王疏影、张疏影，也就不复意境深远了，唯一可堪相比的，或许就是"梅疏影"了。

拆解完以上两个案例，我们不难发现，其实从诗词中起名，很难要求名字本身一定要具有如何深刻的含义，更多的是配合姓氏，营造出一种意境感与氛围感或呈现出一幅画面。

需要注意的是，名字毕竟只有两三个字，多半无法完整描绘整首诗的意境，难免有断章取义之感。所以从诗词中起名，最好取自大家熟知且朗朗上口的诗句，使人见之就能感受到蕴涵其中的气质与意境。

因此本章所写的起名方法，也是基于每位诗人的独特风格，力求起出的名字，能够体现诗人的风格与意境。

李白

李白，字太白，号青莲居士。唐代著名诗人，后世誉为"诗仙"。

李白这个名字，放到现代也是极为独特的，当下生活中依然很少见到有人单名一个"白"字，简简单单，干脆利落。但就是这样一个简单的名字，却在中国文学历史上留下了浓墨重彩的一笔，千百年来，无人不知，无人不晓。

作为一位伟大的浪漫主义诗人，李白性格豪放，豪迈乐观，豁达不羁，他的诗雄奇飘逸，俊逸清新，艺术成就极高，具有"笔落惊风雨，诗成泣鬼神"的艺术魅力。李白的诗富于一种排山倒海、一泻千里的气势，要从诗词中起大气豪迈的名字，最先想到的往往就是李白。

| 问之 |

《把酒问月》："青天有月来几时？我今停杯一问之。"

月亮似乎是李白灵感的缪斯，每一首关于月的诗句都是如此扣人心弦。从"举杯邀明月，对影成三人"到"时来引山月，纵酒酣清辉"，月亮在李白的笔下总是像一个可以相伴饮酒的朋友。

明月如何得以攀谈？但诗中人偏偏要把酒问月。看李白的诗，总觉浪漫，惊奇于他的想象力，他总是可以赋予无生命的事物以生命与人格。人的理性思维提醒着，月亮只是亘古不变的存在，但人的感性思维却倾向于与无生命的事物互动，与万物为一。

以"问之"作名，亦是希望我们在人生中，多一些浪漫和感性，多一些童真与好奇。

| 揽月 |

《宣州谢朓楼饯别校书叔云》："俱怀逸兴壮思飞，欲上青天揽明月。"

读李白的诗，常有天真之感，或许伟大的人物总是怀有一颗童心。放在唐代，揽月或许是个遥不可及的梦想，而一千多年后，"上九天揽月"已经成为现实。立志须高，见识须远，以"揽月"为名，就是激励自己，敢想敢做，毕竟"世上无难事，只要肯登攀"。

| 凌洲 |

《江上吟》："兴酣落笔摇五岳，诗成笑傲凌沧洲。"

落笔摇五岳，笑傲凌沧洲，一种豪气油然而生，还带着点睥睨天下的傲气。不必担心名字会不会起得太大，看到这句诗，自然有感而发，人的胸怀比天地山川更为广阔。正所谓"吾心即是宇宙，宇宙即是吾心"。

| 恒殊 |

《上李邕》："世人见我恒殊调，闻余大言皆冷笑。"

但凡大才，总要有些与众不同，有些"殊调"，而能否长期保持自己的"殊"，不被外境所染，考验的就是内心是否足够强大了。个人认为，从李白的诗中起名，总要沾染些李白独特不羁的气质才好。以"恒殊"二字为名，不仅要"殊"，更是要"恒"，只要内心自洽圆满，何管他人冷眼嘲笑！

| 复来 |

《将进酒》："天生我材必有用，千金散尽还复来。"

人生在世，有得意时，自然也有失意时，而李白的这句诗，千百年来，不知安慰了多少正在经历挫折困苦的人们。我曾经为一位金姓先生推荐艺名为"金复来"，他自言人生的前半段正是应了这首诗，虽然人生起起伏伏，财富有聚有散，但总是相信，希望就在前方。

| 扶摇 |

《上李邕》："大鹏一日同风起，扶摇直上九万里。"

扶摇一词，在《庄子·逍遥游》中亦是深入人心："鹏之徙于南冥也，水击三千里，抟扶摇而上者九万里。"同样的含义，李白的表达与韵律却让"扶摇"的感觉更加出彩。"扶摇而上"和"扶摇直上"，亮点关键在一个"直"字，突显了其强与快，有野心成大事者，不妨考虑此名。

| 然诺 |

《侠客行》："三杯吐然诺，五岳倒为轻。"

然诺，指不轻易答应别人，答应了就一定履行诺言，一看这个名字，就是重情重义的侠义风格。"然"和"诺"两个字，大概从 2010 年左右，就成了小朋友名字的流行用字，但"诺然"组合较多，"然诺"组合尚少，且从寓意的角度，然诺也更为通顺一些，若喜欢侠气风格可用此名。

| 衔月 |

《与夏十二登岳阳楼》："雁引愁心去，山衔好月来。"

一个"衔"字，化深重为轻快，将"山"拟人化，又给人一种非常具象的美：黛绿山峰与深蓝天空的连接之处，一轮明月悄然而出，"衔"本来是鸟类的动作，用这个字，一下子就有了生动活泼的感觉，这就是李白的新意和想象力。

相比之下，杜甫写山和月则是："四更山吐月，残夜水明楼。"同样是在山和月之前加了动词，杜甫的诗就显得沉重孤独许多。

| 轻舟 |

《早发白帝城》："两岸猿声啼不住，轻舟已过万重山。"

作为李白家喻户晓的诗句，这首诗读来总让人感受到无尽的畅快与轻盈，仿佛自己就身处在一叶扁舟之中，告别所有的崎岖与艰险，顺行到一片坦途之中。

若以"轻舟"为名，自然也有了这种乐观与轻快，人生路上挫折难免，但一路穿行，回首看去，皆是过往。

王维

《红楼梦》中，黛玉教香菱作诗时，首先让香菱读的便是王维的诗，让香菱先把王维的五言律一百首细心揣摩透了，然后再读杜甫，之后再读李白，可见对王维的推崇。

王维的名与字由来也很有意思，在王维出生前，其母崔氏梦见维摩诘走入室内，笃信佛教的崔氏认为这是佛光显现，故将其起名为维，字摩诘。维摩诘，是古印度佛教居士的名字，梵文里"维"是"没有"的意思，"摩"是"脏"，"诘"是"匀称"。所以，王维的名与字连起来"维摩诘"，即为无垢完美。

王维是唐代著名的山水田园派诗人，既善绘画又精乐理，他的诗中也有极出色的画面感和音乐美，苏轼评价其曰："味摩诘之诗,诗中有画;观摩诘之画,画中有诗。"且王维深受佛禅熏染,诗词风格以洗尽雕饰、明朗自然的语言著称,尤长于五言。因此,若从王维的诗中起名,可以着重参考其五言诗,从中起具有画面感和音律感的名字。

│ 竹喧 │

《山居秋暝》:"竹喧归浣女,莲动下渔舟。"

竹子安静生长,本不会喧闹,因为有浣女归来,才有了灵动的喧笑之声。清新自然中有无忧无虑的嬉笑之声,"竹喧"两个字,让人既有了听感,又有了画面感,可以说是王维诗词的典型代表。

│ 云起 │

《终南别业》:"行到水穷处,坐看云起时。"

王维的诗极富禅意,在这句诗中,更是有无限的洒脱与淡然,或是随意走到流水的尽头,或是坐看云的聚散。从人生哲理的角度,若是"行到水穷处",走到无路的境地,也不妨"坐看云起",看一看绝境的风景,或是以一颗平和之心应对如云涌起的变化。

│ 且静 │

《红牡丹》:"绿艳闲且静,红衣浅复深。"

诗人写花,总爱借花抒情,托物言志。但在王维的诗中,牡丹花却已然拥有了自己的形象与思想。身着绿妆,娴静文雅,一袭红裙,错落有致,一位气质雍容静雅的美人形象跃然而出。

单看"且静"二字,也是颇有禅意,不急不躁,且须静心。

│ 云平 │

《观猎》:"回看射雕处,千里暮云平。"

这一首诗,鲜明生动,极富感染力。以"风劲"开头,写的是狩猎的豪迈声势,而这一句尾联,则以"云平"收尾,写出了猎归时回望过往的淡然与平和,更显大气。作为名字,"云平"有着云层与大地相连的美感,不同于"云淡风轻"的洒脱,更多的是能够"掌控全局"、风定云平的气场。

| 壑殊 |

《终南山》:"分野中峰变,阴晴众壑殊。"

王维的诗,如诗如画,把终南山中千岩万壑的不同景致都写得十分传神。诗中这一句,写的是终南山的壮丽辽阔,不同的山峰阴晴各不相同,而诗人之所以能见此景,自然是因为已经站到了高处,看到了全景,才看到了山谷之间的差异。

以"壑殊"为名,不仅有总览全局的大气,又有对差异的理解与包容。

| 浦深 |

《酬张少府》:"君问穷通理,渔歌入浦深。"

这是一首赠友诗,颇有道家飘然出世的豁达与轻快。"若问我富贵穷通之理,我却要唱着渔歌去往那河岸深处了。""浦深"二字自有深邃淡然之感,看淡了繁华与权势,宁愿回归山林与河流,选择另一种生活状态,谁说这不是一种快乐呢?

| 逐溪 |

《青溪》:"言入黄花川,每逐青溪水。"

青溪本是一普通的溪流,在王维的笔下,却似乎成了活泼好动的顽童,每次去看总要和它追逐嬉戏一番,移步换景,有动有静,逐溪之乐趣,便在于欣赏沿途不同的风景。

作为名,"逐溪"亦是颇为独特的,有动态的美感,又有活泼的气质,所谓"智者乐水",与水互动,自有别样乐趣。

杜甫

杜甫，名甫，字子美。"甫"是古代对男子的美称，而"子美"正好解释了"甫"字的含义。

作为唐朝伟大的现实主义诗人，杜甫的诗风总是沉郁顿挫，忧国忧民，着重对时事的记叙和议论，充满"人道主义精神"。因此，杜甫的诗作虽多，适合用来起名的却很少。不过，杜甫的诗歌很讲究"炼字"，语言精练，格律严谨，题材丰富，风格多样，可以从中选择细腻雅致或颇具豪逸之趣的诗句，提取其中精妙文字，用以起名。

| 知节 |

《春夜喜雨》："好雨知时节，当春乃发生。"

这是一首赞美春雨的诗，把雨拟人化，言其知道下雨的时节，懂得万物的需要。一个"知"字赋予"雨"以生命，传神地表达了雨的"好"。而把"知节"二字作为名字，第一层含义是"知时节"，寓意为人可以顺应天时，顺时而为；第二层含义是"知节制"，凡事不过度，懂得克制与管理之道。

| 润声 |

《春夜喜雨》："随风潜入夜，润物细无声。"

"上善若水，水善利万物而不争"，一个"润"字，让人感受到了水的温和，也体现了诗中作者对雨的赞美。润物无声，默默滋养万物而不居功自傲，做人亦是如此。"君子德比于玉，温润而泽"，如此温润雅致，默默付出又不会高声强调个人的功劳，试问谁不喜欢这样的谦谦君子呢？

| 星垂 |

《旅夜书怀》:"星垂平野阔,月涌大江流。"

平野星垂,江上月涌。因星空低垂,原野才显得格外广阔,一个"垂"字写出了天空与原野相接的壮阔。"星垂"二字用于名字中十分独特,颇具画面感,也很容易让人联想到这一句景色宏阔的诗句。"垂"字从字义上讲力量是向下的、遥远的,若喜欢星空原野的画面感,"星野"作为名字也是一个不错的选择,更带了些洒脱不羁的意味。

| 逾白 |

《绝句二首》:"江碧鸟逾白,山青花欲燃。"

这两句诗有一种热烈的美感,碧绿的江水把鸟儿的羽毛映衬得更加洁白;山色青翠欲滴,红艳的野花似乎将要燃烧起来。碧色、白色、青色、红色,画面中的色彩都是那么的热烈鲜明,从中取"逾白"二字,逾字亦有"超越"之意,更多了些不服输与坚韧的劲头,让人觉得名字主人也是如此的个性鲜明。

| 芊羽 |

《行官张望补稻畦水归》:"芊芊炯翠羽,剡剡生银汉。"

青绿色的鸟儿羽毛明亮,天上的银河闪烁生辉。在杜甫描写景物的诗句中,对仗与用字总是十分讲究。"芊"字亦有青碧色的字义,这一句中的"芊羽",可理解为鸟儿青碧色的羽毛,与"翠羽"词义相近,却比翠羽更显洋气一些。名字发音也很符合现代家长的审美,一见就是灵气可爱的女孩名。

| 万流 |

《戏为六绝句·其二》:"尔曹身与名俱灭,不废江河万古流。"

前几个名字都取自杜甫描写景物的诗句,而后面几个名字,则更能显示杜甫诗句大气厚重的风格了。这一首诗是杜甫对于当时文坛中浅薄之人热衷于批评"初唐四杰"这一现象的批判，站在宏大的历史叙事角度，他认为当下的一些批评只是一时的尘埃，丝毫无伤滔滔江河万古奔流。

取"万流"为名，自有大气之姿，意指无须在意他人的是非毁誉，历史自然向前奔流。

| 凌山 |

《望岳》："会当凌绝顶，一览众山小。"

若论写泰山之雄伟壮丽，古今诗句当没有能超过此诗的。作为千古流传的名句，这首诗讲的不仅是登高望远的豪迈，更是敢于登顶、俯视一切的雄心和气魄，既让人觉得身临其境，又激起了胸中无限的英雄气概。取"凌山"二字，大体能感受到这一种雄姿与气势。

| 鸣萧 |

《后出塞五首》："落日照大旗，马鸣风萧萧。"

晚霞映照迎风招展的军旗，战马与萧萧朔风呼应嘶鸣。这两句诗用简单平实的文字，描述了一幅夕阳中的军营风光，有一种厚重的氛围，又有些在萧索中嘶鸣的昂扬。客观条件或许无可改变，但境随心转，"鸣萧"二字亦可以成为砥砺前行的号角。

苏轼

苏轼，字子瞻，号东坡居士。

乐观豁达，情感细腻的苏轼，在其文字之中总是表达着他的思想，从"人有悲欢离合，月有阴晴圆缺，此事古难全"到"此心安处是吾乡"。苏轼的词中，不仅是美，也不仅是豪迈，更多的是他流露于文字中对于人生哲理的思考。

因此，若以苏轼的词来起名，第一取意，第二取象，总要思考如何能把他的豁达与哲思体现在名中才好。

| 解晴 |

《六月二十日夜渡海》："参横斗转欲三更，苦雨终风也解晴。"

写此诗时，作者屡遭贬谪，却在尾联仍旧说出"九死南荒吾不恨，兹游奇绝冠平生"。意思是：就算经历了九死一生的艰险也并不觉得遗憾，因为这一次的远游是我平生最奇绝的经历。"解晴"二字作为名字，一个"解"字有一种松弛张开的感觉，每个人在人生的旅途中，都难免经历"苦雨终风"，然而"飘风不终朝，暴雨不终日"，生命得以磨砺之后，终会有"解晴"之日。

| 徐行 |

《定风波》："莫听穿林打叶声，何妨吟啸且徐行。"

行走途中突遇疾风骤雨，一般情况下，我们都会疾步快行，寻找避雨的地方；而作者明明是单薄的竹杖芒鞋，却偏偏"吟啸且徐行"，始终那样从容、镇定、达观，表现了诗人虽处逆境，屡遭挫折而不畏惧、不颓丧的乐观性格和旷达胸怀。"徐行"二字，不仅是一种状态，更是一种心态。人生路远，道阻且长，徐徐行之，宠辱偕忘。

| 闲客 |

《南歌子·日出西山雨》："我是世间闲客、此闲行。"

生活中，我们都是世间的忙人，忙着奋斗，忙着赚钱，忙着完成目标，很多人很怕"闲"这个字，把它等同于"无所事事""游手好闲"，所以少有人的名字中肯用"闲"字。而苏轼偏偏却说

"我是世间闲客",也只有世间闲客,才能在山野中闲行,把自己新写的文字好好琢磨,雕琢成美玉琼英。以"闲客"为名,意在提醒,人生路上别忘记欣赏沿途风景,不妨也把时间花一些在无用之事上,做个闲人,未尝不可。

| 相宜 |

《饮湖上初晴后雨二首·其二》:"欲把西湖比西子,淡妆浓抹总相宜。"

这首赞美西湖美景的诗可谓家喻户晓,既写出了西湖的水光山色,也写出了西湖的晴姿雨态。诗句表面写湖光山色、晴天雨韵,也巧妙隐喻不同处境的人生阶段,须以西湖不同景致皆相宜的态度,诉说人生即使晴雨有时,也可以豁达看待。"相宜"可以说是诗句的点睛之词,有双关之意,西湖的晴雨景致都是合适的,人生有晴朗有阴霾,也都是自然之理。

| 清欢 |

《浣溪沙·细雨斜风作晓寒》:"雪沫乳花浮午盏,蓼茸蒿笋试春盘。人间有味是清欢。"

这是一首记游词,上片写早春景象,下片写清茶野餐的风味,充满春天的气息。"人间有味是清欢",这一句用于词的结尾,有照彻全篇之妙趣,人生真正的滋味不是高官厚禄,也不是功成名就,而正是这日常生活中的清淡欢愉。"清欢"为名,颇具雅性,寓意于日常生活中,享受这平淡的乐趣。

| 溪明 |

《行香子·过七里濑》:"过沙溪急,霜溪冷,月溪明。"

苏词中的美景描绘向来清新隽丽,此处写溪水三种时间的不同状态,每三个字构成一幅画面,连起来亦有音律上的节奏美感。

词中的一句"君臣一梦,今古空名",也寄寓了作者因缘自适、看透名利、归真返璞的人生态度。溪明,溪水清澈明净,既说月下之溪水明亮清澈,也暗指人生也当如溪水般自在洒脱,干净纯明。

| 天澄 |

《六月二十日夜渡海》:"云散月明谁点缀?天容海色本澄清。"

云散月明,不需谁人来点缀,青天碧海本就是澄澈清明。看似写景,实则抒情,以天空与碧海的本色,比喻自身本是清白无染。因此从中取"天澄"二字,作为名字,也是既有天空的澄澈,亦有人品的澄澈之意。"天"字用于名中,有些人会担心"起得大",但是否真大,要看具体寓意与搭配,只要不是自吹、自大、狂妄之意,名字作为意境与心态的传达,并不会有所谓"太大"的问题。

| 千雪 |

《念奴娇·赤壁怀古》:"乱石穿空,惊涛拍岸,卷起千堆雪。"

这是一首怀古词,气魄宏伟,视野阔大,对壮丽河山的赞美,和对历史英雄人物的歌颂及怀念,构成了词中豪放的基调,每一句都是流传千古的名句。因此,从此词中起名,自然要保留这种大气豪放的气势,"千雪"二字,似见陡峭纷乱的岩壁耸入云霄,汹涌澎湃的巨浪拍打着江岸,卷起无数堆雪白的浪花。此"雪"并非真雪,而是如雪般白色的浪花,"千"字则言其多,以"千雪"为名,可尽情施展,不知会在当下拥有如何影响力!

李清照

李清照是北宋最著名的女词人,婉约词派的代表人物。

关于李清照的名字,也有多种说法,一说出自晁补之写给李清照外公王拱辰的诗《和王拱辰观梨花二首》,"压沙寺里万株芳,一道清流照雪霜";一说出自王维的《山居秋暝》,"明月松间照,清泉石上流"。两种说法的真实性无从考证,但若论出处意境,还是"一道清流照雪霜"更为合理,若说取自王维的诗句,则未免有拼凑之嫌。

李清照的词风以清婉为主要特征,早期的词作描写细腻、语言清新,婉而不媚,清而不俗;后期的词作则因国家的变故与个人的经历转为沉郁和忧愤。因此若从李清照的诗词中取名,可以多从写情感、景物的诗词入手,避免取自悲伤与忧思的词作。

| 星舞 |

《渔家傲·天接云涛连晓雾》:"天接云涛连晓雾,星河欲转千帆舞。"

这是一首记梦词,形象奇幻,展现了一幅辽阔、壮丽的海天一色图,境界开阔大气,为唐五代及两宋词所少见。"星舞"是一个非常具有浪漫气息与梦幻感的名字,银河转动,像无数的船只在舞动风帆,单看名字就有星河起舞的动态,且景象雄奇,虚实结合,很有美感。

| 月依 |

《诉衷情·夜来沉醉卸妆迟》:"人悄悄,月依依,翠帘垂。"

这是一首咏梅词,"人悄悄,月依依",静谧的夜色中,月光缓缓移动,仿佛与人相依。一个"依"字把月拟人化,又赋予了它温柔相伴的人格,具有很强的艺术魅力。"月依"作为名字很有婉约之感,含情深微,细腻温柔。

| 新桐 |

《念奴娇·春情》:"清露晨流,新桐初引,多少游春意。"

清晨的新露涓涓,新发出的桐叶一片湛绿,不知增添了多少游春的意绪。这句一出来,一改过往的愁绪,清空疏朗,桐叶萌发,让人感受到盎然的春意与蓬勃的生机。从中取"新桐"为名,一个"新"字,让人感受到了旺盛的生命力,很适合生在春季喜爱植物的人作为名字,轩朗大方。

清梦

《临江仙·梅》:"夜来清梦好,应是发南枝。"

这首词亦是以咏梅为主题,"清梦"为美梦之意,因好梦而联想到梅花,"应是"二字又表达了一种不确定性,越品越觉意味深长,令人回味不尽。以"清梦"为名,颇具浪漫色彩,仿佛连梦中都沁入了一股清新的梅香。若是喜欢李清照的词作风格,此名颇具代表性。

玉净

《新荷叶·薄露初零》:"芝兰为寿,相辉映、簪笏盈庭。花柔玉净,捧觞别有娉婷。"

这是一首祝寿词,"花柔玉净,捧觞别有娉婷",是作者对于细节的一处描写,美丽的女子,如花一般柔美,像玉一样晶莹。

"玉净"为名,巧在一个"净"字,以"净"来形容玉,便有了一种单纯和晶莹,不俗不媚,让人单纯欣赏的一种美。

争明

《新荷叶·薄露初零》:"鹤瘦松青,精神与、秋月争明。德行文章,素驰日下声名。"

祝寿词的下片是直面的颂扬:愿您体魄健壮,如鹤之清癯矍铄,如松之耐寒长青;愿您精神光照万物与朗朗秋月竞比光明;您的品德学问历来是独领风骚、名噪京城。至此便将一位德高望重、受人景仰的典范人物的形象勾画了出来。

这是李清照的词中为数不多能起出的男名,"争明"作为名字,颇有一种壮志豪情。毕竟是写出"生当作人杰,死亦为鬼雄"的女词人,从其词中取出"争明"二字,也体现了这位婉约派词人的另外一面。

| 画阑 |

《鹧鸪天·桂花》:"梅定妒,菊应羞。画阑开处冠中秋。"

这是一首咏桂词,以议论入词,写法别开生面。引用的这一句,先以梅花和菊花作为对比,梅花的傲骨与菊花的淡雅都是人所共认,但是这两种花,在桂花面前却产生了妒忌和羞愧的心理。经过这样的对比,得出桂花是"秋季名花之冠"的结论。

"画阑"一词正是代指桂花,用于名中,不禁就让人想到了"冠中秋",看似婉约,实则大气。

| 远岫 |

《浣溪沙·小院闲窗春色深》:"远岫出云催薄暮,细风吹雨弄轻阴。"

这是一首惜春词,陶渊明《归去来兮辞》云:"云无心以出岫,鸟倦飞而知还"就是写傍晚景象,此处"远岫出云催薄暮"亦是日将落时之景。远岫即为远山之意。

以"远岫"为名,主要呈现的就是一幅远山的画面,其他诗人也写远岫,但很少有如此拟人之法,把远岫与细雨都给予了人格。若是喜爱山景,不妨考虑此名。

| 溪亭 |

《如梦令·常记溪亭日暮》:"常记溪亭日暮,沉醉不知归路。兴尽晚回舟,误入藕花深处。争渡,争渡,惊起一滩鸥鹭。"

这是一首记游赏之作，写了酒醉、花美，清新别致。"常记"两句起笔平淡，自然和谐，把读者自然而然地引到了她所创造的词境中。溪亭，意为临水的亭台，让人不禁遥想到宋代亭阁的飞檐，伫立水边，清雅俊秀。

作为名字，"溪亭"亦是颇为雅致，男女皆可使用，即使搭配大姓也能有不错的观感。

诗词名句众多，不再一一举例，只要紧扣核心要义，或体现作者情志，或呈现意境之美，便可从诗词中起出好名字。

09 — 起出别具一格的名字

认识一个人，最先了解到的是名字。认识自己，也是从知道自己的名字开始。德国哲学家莱布尼茨说过："世上没有两片完全相同的树叶。"人也是一样，这世界上没有两个完全相同的人，那么外貌不同、性格迥异的人们，彼此的名字最好也要有差异。

如何起出一个别具一格的名字？我有几个"宝藏"方法，我们一一来看。

巧用动词、虚词

起名字，大家都想引经据典，但是经典著作就那么多，如果大家都去翻那几本书，起出来的名字恐怕还是很雷同，其实不妨换个角度，用一些特别的词来起名。生活中常见的名字都是名词、形容词，比如，齐琛，琛是珍宝，名词。许婷，婷是美好的样子，形容词。想要别致一点的名字，便可以采用动词、虚词来起名。

1. 动词起名

动词起名的特点就是：灵动脱俗、画面感强。

常遇春，"遇"字就是一个动词。春字本身常见，加上长辈们的名字经常用到它，就容易给人一种"年代感"，所以近年来用它来起名的人是越来越少了。而搭配上"遇"这个动词，就有一种常遇好春光、常有少年时的美好感觉。

名字中含有动词的还有扶苏、卢照邻、贺知章、陆游、戴望舒、南怀瑾、林风眠、季羡林等，这些名字，随便拿出来一个，都是非常有韵味的。

名字推荐：

扶光、笑缇、思粤、照泉、护宁。

知深、染晞、画绵、展啸、阅则。

启章、合胤、明扬、寻熠、漫祺。

望安、凝伊、秋眠、慕岩、拾月。

呈瑜、予恒、青辞、怀恩、舟摇。

无羡、子游、存想、修己、行远。

动词除了直接入名以外，还有另外一个起名方法，即结合诗词，不仅灵动，同时还具有诗意。

如"听泉"，出自冯时可《方广寺夜宿》："空山无远梦，支枕听流泉。"

简简单单的两个字，组合起来就能营造出泉水叮咚、悠闲自然的感觉和画面，这个名字适合心思比较细腻的孩子或者成年人取花名，抛开各种各样的念头，静卧听泉，怡然自在。

再如"风吟"，出自子兰《秋日思旧山》："白云江上故乡，月下风前吟处。"

秋风低吟，树叶回旋，给人无尽的想象空间，开阔自由，美好脱俗。

名字推荐：

| **抱月** | 出自苏轼《赤壁赋》："挟飞仙以遨游，抱明月而长终。"
| **倚石** | 出自李白《寻雍尊师隐居》："拨云寻古道，倚石听流泉。"
| **行知** | 出自王阳明《传习录》："知行合一。"
| **阅宁** | 出自金幼孜《端午赐宴观击毬射柳其二》："凤辇乘时动，宁辞阅武勤。"
| **观画** | 出自张说《灉湖山寺》："楚老游山寺，提携观画壁。"
| **照琴** | 出自王维《酬张少府》："松风吹解带，山月照弹琴。"

2. 虚词起名

近几年仙侠剧非常流行，剧情新颖，人物颜值高，整体给人仙气飘飘的感觉，神奇而美好。所以有人在起名的时候，就想要仙气、古典的名字，而最有仙风道骨之感的字，恐怕就是古文中的虚词了。

如王羲之，"之"字就是一个没有实际意义的虚词。名字一眼看过去，有一种飘逸的感觉，而且我查证发现，"之"确实和道教有点关系，陈寅恪在《崔浩与寇谦之》一文中评价《北史·寇赞传》："此传载谦之之名少一'之'字，实非脱漏，盖六朝天师道信徒之以'之'字为名者颇多，'之'字在其名中，乃代表其宗教信仰之意。"难怪名字带有"之"字，给人仙风道骨的感觉。

此字放在名字中，往往能够起到出人意料的效果，尤其是搭配一些特殊的姓氏，如介之推、宋之问、方之南、林之叶、陆之桥、夏之光、文之墨、黄之颜等，十分不俗。

除了"之"字，还有"也"字，放在名字的结尾，同样给人一种绵长的韵味。比如周也、王文也，名字整体笔画简单，却有着欲说还休的延伸感。

再有"如"字，有"依从，往，然，乎"等寓意。柳如是，出自辛弃疾《贺新郎·甚矣吾衰矣》："我见青山多妩媚，料青山见我应如是。"再如张纯如，出自《论语》："乐其可知也：始作，翕如也；从之，纯如也，皦如也，绎如也，以成。"意为纯正和谐。

名字推荐：

而乐、乃潇、其轩、且竹。

若妩、所希、遇为、畅焉。

斯也、以澄、诺因、于麦。

清与、则姝、如翕、之韵。

巧用否定词

一些寓意欠佳的字，可通过反转使之成为好名字。

1. 否定字

历史人物和小说影视剧里面，有很多惊艳的名字都是采用的"否定字"，例如，张无忌、刘不疑、东方不败、岳不群、魏无羡等。用否定词起名，最大的特点就是：个性鲜明、大方别致。

这种起名方法，很适合常见的姓氏，比如李姓，如果起名"李不言"，能给人一种聪慧和深思的感觉，同时，很容易让人联想到"桃李不言"的真诚与自然，与名字相辅相成，不多言语，自有真心。

当然，小众姓氏结合否定字起名，更能凸显姓氏本身的含义，让名字呈一个整体，比如"迟非晚"，这个名字给人一种"慢慢来"的松弛感。"迟"这个姓氏，本身有时间的延迟、拖延之意，但是结合"非晚"，就有了一种"虽慢却不晚"的感觉。现代社会，一切都太快了，人心浮躁，处处功利，这个名字带有哲理和智慧——慢慢来，反而比较快。

同样方法起出的名字有"莫染尘"，名字纯净清雅。"莫"有不的意思，寓意着避免和远离。"染尘"结合莫姓，表示不被尘埃和世俗所染，给人一种纯净和清新的感觉。

名字推荐：

不渝、无咎、莫莘、非繁、未卓。

安否、勿情、亦别、泊休、毋洛。

不傲、无瀚、莫希、霂非、知未。

否峻、勿漫、书别、休忍、毋词。

2.— 负面字

另外一个层面的否定，其实就是一些寓意欠佳的负面字，历史上有两个这样的人名，深受大家喜欢，那就是：霍去病，辛弃疾。病、疾这种类型的字，绝大多数人是不会用在名字里的，因为自古以来的起名禁忌中，就包含"禁用疾病之字"，但是为什么这两个名字好呢？原因就是用否定字搭配了负面字。

采用负面字起名，其实也有几种不同的情况：

第一，直抒胸臆。如曹无伤、辛弃疾、霍去病、刘病已。这类名字体现的是健康成长，无病无灾，寓意上直白简单，让人一目了然，采用的是"负负得正"的格式。

第二，与个人经历相关。如徐悲鸿，原名徐寿康，他6岁时随父读四书五经，后来学绘画。因为家里无钱供他读书，徐悲鸿没有进过正规学校，身无绸衣，遭人嘲笑。种种经历使他深感前途渺茫，世态炎凉，不禁悲从中来，犹如鸿雁哀鸣，遂改名为徐悲鸿。类似的名字还有李苦禅、张恨水、郑愁予，在人生的不同时期，多有着不同的境遇和心态，所以改了相应的名字，此类名字适合成年人取花名或者笔名。

第三，藏巧于拙。如姚守拙，抱朴守拙、淳朴自然；成思危，"居安思危，思则有备，有备无患"。这类名字看似用字负面，实则具有深厚的内涵，且名字多与姓氏相关联，并非随意拼凑，是一个整体的寓意，符合中庸之道，又如王崇愚、张若虚、杜如晦、陈难先等。

名字推荐：

子庸、非颜、知愚、霄恨、弱满。

秋闲、曼遥、顿清、展愁、斯危。

去庸、涤非、胜愚、如恨、弱语。

闲月、洛遥、思顿、愁潇、危隐。

适度用生僻字

还有一种字，可以快速增强名字的独特性，那就是生僻字。

我个人并不推荐用非常生僻的字来起名，但是稍显偏僻、根据偏旁能辨认或者曾经有名人用过的生僻字，还是可以考虑的。

1.— 生僻字起名的条件

哪些人群适合用生僻字取名？

一是自身的姓氏为常见姓氏，又是人口非常多的大姓，比如，张、王、李、赵、刘、陈、周、吴、黄等。同样都叫"春生"，姓"随"和姓"张"可大不一样，张春生这个名字很像 20 世纪七八十年代会用的，而"随春生"，就给人一种随着春天而来的感觉，万物生发，一切充满希望。所以，如果你的姓氏是常见大姓，起名的时候就可以适当地使用生僻字。

二是单字名，因为除了姓氏，起作用的就只有一个字，这个字是普通还是特别，直接决定了名字的整体感觉。所以想要单字名的朋友，起名的时候也可以考虑生僻字。

三是追求低重名率的人群。很多家长对于重名是如临大敌，自己的孩子独一无二，名字怎么能与他人雷同呢？所以想要低重名率，也能用生僻字来取名。

2.— 形美、寓意好的生僻字

虽然生僻字能够提高独特性，但是并非所有生僻字都适合用在名字里，有些字过于冷僻，辨识度非常低，如果用在名字中，就会丧失名字的传播性。比如，玊，看着像玉，但是又不是玉，没有什么偏旁，所以也不能猜测读音。

但是一些字形美、寓意好的生僻字，或者名人已经用过的生僻字，用来起名是很不错的，比如何昶希这个名字中的"昶"（chǎng）字，代表白天时间长，有舒畅、畅通之意，寓意阳光积极，为开口音，适合用来起名。

还有"翀"这个字，读音与"冲"相同，是鸟径直向上飞，一飞冲天的意思，杜挚在《赠毋丘荆州诗》中有一句名句"鹄飞举万里，一飞翀昊苍"，用在名字中给人一种昂扬向上、一鸣惊人的感觉。

"滉"（huàng）字，是水深而广的意思，《集韵》：滉，水深广貌。用在名字里可以理解为胸怀广阔、内涵极深。古人也有用这个字起名的人，像唐代画家、宰相、太子少师韩休的儿子就是单名一个"滉"字。据说韩滉书画皆精，草书得"草圣"张旭笔法，画又善于摹写牛、羊、驴等动物。宋末元初著名画家赵孟頫对他的《五牛图》评价是"神气磊落，希世名笔"。再如彧（yù），意指有文采，可以引申为志趣高雅、谈吐文雅、有教养等；嫿（huà）指女子体态娴静美好；甯（níng）同"宁"，平安，安定，用作人名意指吉祥平安；烜（xuǎn）本意为火燃烧得热烈，引申为盛大，显著，用作人名意指光明、兴旺、名声显著。

名字推荐：

彧皓、小莜、柠棽、琰呈、子嫿。

瑀尘、旻硕、甯澈、自珩、思妧。

荃泠、煦邕、忞喆、宗昉、偲然。

亦翀、绾宁、烜睿、文滉、昶岳。

景彧、莜诺、鸣棽、晟琰、云嫿。

安瑀、旻谦、开甯、珩川、令妧。

沐荃、士邕、忞赫、昉希、偲驰。

千翀、菀绾、茗烜、滉京、昶存。

利用生肖起名

在中国文化中，每个生肖都有自己的特点和象征意义，因此在起名时，人们往往会考虑生肖属性。不过此处所讲的生肖起名，并非迷信说法，而是与生肖相关的诗句。借鉴生肖相关的诗词起名，还是比较少见的，能够提高名字的独特性，让名字别具一格。

属鼠的宝宝起名可以参考"千钧"，出自《效刘屏山作十二相属歌》："鼷鼠不发千钧机，衅钟无罪牛何之。"

属牛的宝宝可以起名为"漠野"，出自《野田》："漠漠野田草，草中牛羊道。"

属虎的宝宝起名可以参考"闻啸"，出自《贬乐城尉日作》："有时闻虎啸，无夜不猿啼。"

属兔的宝宝起名可以参考"随月"，出自《观猎》："箭逐云鸿落，鹰随月兔飞。"

属龙的宝宝起名可以参考"在深"，出自《陋室铭》："水不在深，有龙则灵。"

属蛇的宝宝可以起名为"空岩"，出自《破山寺》："古壁龙蛇气，空岩风雨声。"

属马的宝宝可以起名"踏秋"，出自《马诗》："何当金络脑，快走踏清秋。"

属羊的宝宝起名可以参考"容卿"，出自《登雨花台》："牛羊践履多新草，冠盖雍容半旧卿。"

属猴的宝宝可以起名"轻舟"，出自《早发白帝城》："两岸猿声啼不住，轻舟已过万重山。"

属鸡的宝宝起名可以参考"语晨"，出自《鸡》："买得晨鸡共鸡语，常时不用等闲鸣。"

属狗的宝宝起名可以参考"云喧"，出自《桃源行》："月明松下房栊静，日出云中鸡犬喧。"

属猪的宝宝可以起名"且闲"，出自《田家三首》："小池聊养鹤，闲田且牧猪。"

以上是我起的十二生肖名字，如果想要一个与生肖相关，又带点独特性的名字，可以参考此种起名方法。

根据中药起名

我国的中医药文化博大精深，传承至今，其中的草药名字雅致独特，蕴含古风古韵。就像《仙剑奇侠传三》中的人物名，其实就是根据中药名来取的，比如景天、雪见、龙葵等；还有《风吹半夏》中的主角许半夏，半夏也是中草药名。

我整理了一些适合起名的中草药名，以及相应的习性和寓意，参考如下。

菘蓝：辨识度较高，有着很好的独特性，象征纯洁、高雅。

茯苓：一种生长在老树下的药用菌类，代表着自然的智慧和生命力。

辛夷：春天盛开的白色花朵，代表着清新与重生。

半夏：在夏季盛开的草本植物，寓意时光的转换与更迭。

青黛：具有清热解毒、凉血消斑、泻火定惊等作用。外观粉嫩娇俏，寓意女孩蕙质兰心、知书达理、才华横溢，言行举止端庄得体大气。

名字参考：

子苓、南星、空青、海芋。

川柏、山柰（奈）、京墨、瞿麦。

锦纹、寒水、佩兰、落葵。

玉竹、紫苏、方海、苏木。

景天、木香、木蓝、贝子。

文元、沉香、苡仁、忍冬。

以水果起名

大多数人把生活中常见的食物和水果，拿来起小名，但是很多水果的名字清新别致，也适合作为大名使用，而且古今也有采用水果名字来起名的，比如战国时期左伯桃，当代女星殷桃、张檬等。

"橙"有活泼阳光的感觉；"柠"字清新别致，且和"宁"同音；"桃"字小时候叫起来可可爱爱，长大了甜美迷人；"苹"字同音"平"，给人一种平和、平安的感觉；还有橘、枣、梨、莓等。

| 苹澜 |

"苹"，苹果，给人一种清脆甜美的感觉，同音"平"，结合"澜"字，象征抚平生活的波澜，寓意美好安稳。

| 乐橙 |

橙子是生活中的常见水果，富含维生素，且形状圆圆的，象征着团团圆圆，阖家幸福。"乐"代表开心，满足，乐观。取乐橙

为名，寓意着欢乐无忧，阳光积极。

| **柠萌** |

"柠"给人清新之感，且与"宁"字同音，象征安宁幸福；"萌"是指萌发，发芽。取名柠萌，希望孩子大方阳光，健康成长。

| **枣静** |

"枣"指红枣，代表着滋养和健康，"静"则代表宁静和安详，整体给人一种平静美好的感觉。

名字推荐：

苹悦、橙诺、丝柠、莓暄、枣恬。

梨语、橘希、姝杏、千樱、荔欢。

芯桃、绮萝、梓棠、桑沅、迎蜜。

婧苹、艺橙、星柠、莓曦、枣如。

梨朵、筱橘、杏荞、岚樱、荔煊。

清桃、沁萝、麦棠、桑竹、檀蜜。

用雅称、别称

古人赋予生活常见事物以雅称，"星"又称作"白榆"，"霜"被称作"青女"，"山"叫作"翠微"，"信"可以称作"锦书"，"天"也叫作"碧落"……如果用这些雅称、别称作为人名，整体便多了几分诗意，被赋予了几分美好。

1. 事物雅称

| **寒酥** | 雪花，出自"朝来试看青枝上，几朵寒酥未肯消"。

| **坤灵** | 大地，出自"普彼坤灵，俾天作则。分制五服，划为万国"。

| **扶光** | 太阳，出自"擅扶光于东沼，嗣若英于西冥"。

| **望舒** | 月亮，出自"前望舒使先驱兮，后飞廉使奔属"。

| **星汉** | 银河，出自"星汉灿烂，若出其里"。

| **扶摇** | 清风，出自"鹏之徙于南冥也，水击三千里，抟扶摇而上者九万里"。

| **纤凝** | 云雾，出自"长空万里，见婵娟可爱，全无一点纤凝"。

| **苍渊** | 大海，出自"泉涓涓兮出重山，回抱山麓兮入于苍渊"。

| **碎碧** | 绿叶，出自"碎碧初凋叶，燋红尚恋枝"。

| **冰轮** | 月亮，出自"碧海年年，试问取、冰轮为谁圆缺？"

| **柔甲** | 小草，出自"虽怜柔甲长，只恐艳条稀"。

| **北辰** | 北极星，出自"北辰居其所，帝座严尊极"。

| **重华** | 木星，出自"岁星，曰摄提，曰重华"。

| **玉衡** | 星星，出自"玉衡正三辰，造化赋群形"。

| **瑶光** | 星星，出自"天色湛瑶光，春花结野秀"。

| **彴约** | 流星，出自"奔星为彴约"。

| **启明** | 金星，出自"中庭望启明，促促事晨征"。

| **长庚** | 金星，出自"秋风白虎嗥，长庚光如刀"。

2.— 时间雅称

除此之外，时间和月份也有不同的称呼，有些称呼十分惊艳，不仅能够作为书法落款，也是一个很好的起名方式，且可以和孩子的出生时间相关联。

| **初岁** | 古以腊日为岁终，祭祀送岁。腊日的次日，称为"初岁"。泛指一年之初。

| **令月** | 意为吉月，出自《仪礼·士冠礼》："令月吉日，始加元服，弃尔幼志，顺尔成德，寿考惟祺，介尔景福。"

| **期年** | 一年之意，出自"横戈且趁从军乐，不及期年待政成。"

| **如月** | 阴历二月，出自《尔雅·释天》："二月为如。"

| **亭午** | 正午之意，出自"海棠亭午沾疏雨。便一饷、胭脂尽吐。"

| **皋月** | 阴历五月，出自《尔雅·释天》："五月为皋。"

| **晚夏** | 夏季最后一个月，在农历中指六月。骆宾王《晚泊江镇》有诗"荷香销晚夏，菊气入新秋"。

| **清秋** | 秋季，特指深秋，也意指明净爽朗的秋天。出自殷仲文《南州桓公九井作》："独有清秋日，能使高兴尽。"

| **季白** | 农历九月，位于秋季的中期，是第三季度的末尾，因此被称为"季"。

| **既望** | 阴历十六，出自《赤壁赋》："壬戌之秋，七月既望，苏子与客泛舟游于赤壁之下。"

| **芸生** | 仲冬，出自《礼记·月令》："芸始生，荔挺出，蚯蚓结，麋角解，水泉动。"

| **夜阑** | 夜深，出自《十一月四日风雨大作二首》："夜阑卧听风吹雨，铁马冰河入梦来。"

| **星回** | 指星星运行回复原位，一年已终了。出自《礼记·月令》："星回于天，数将几终，岁且更始。"

取数字、方位、颜色

1.— 数字起名

张九龄、杜十娘、李四光、马三立，这些名字里带有数字，也会显得更特别一些，简约又精致，因此我们也可以使用数字来起名，尤其是用一个人的幸运数字，不仅独特，更有美好的祝福。

比如汪涵的儿子汪十安，其名字有十方之地皆得平安之意，有一种十全十美的感觉，结合"安"字，更是象征着生活安稳却又不平庸，颇具韵味，简约而不简单。

数字起名中最常见、最常用的就是"一"字，如王一博、张一山、李一桐等，我列出不同数字用在名字中的含义，并推荐名字组合，如果有你喜欢的数字，给孩子起名的时候，不妨参考一下。

一：代表一心一意，唯一，勇争第一。

二：寓意两全其美。

三：这个字很有哲理性，道生一、一生二、二生三、三生万物。

四：寓意名扬四海、四通八达。

五：用在名字中，象征五福临门、学富五车。

六：寓意五颜六色、六六大顺，体现出吉祥顺利、生活多彩。

七：代表七星高照、七窍玲珑，给人灵气聪慧的感觉。

八：象征才高八斗、八面玲珑、四平八稳。

九：数之大者，用在名字中寓意一言九鼎。

十：代表十全十美、圆满完备的感觉。

百：象征百花齐放、百战百胜。

千：寓意千里之志，有远大志向，一诺千金。

万：象征万人敬仰、鹏程万里。

名字推荐：

一：一亭、一澈、洛一、一政、茗一。

三：三存、三煦、三笙、三诺、三赫。

七：七月、七栩、七念、柠七、七恒。

九：九思、九知、九桉、九澄、九玥。

十：十遇、十嫣、十悠、十曦、十荃。

百：百悦、百希、百泠、百菘、百衡。

千：千霖、千诺、千煜、千宬、千雅。

万：万芮、万清、万祺、万昭、万临。

2. 方位起名

方位词，简单大方，也很适合用来起名，寓意有方向感、不迷茫，且不同的方位词也代表不同的寓意。

东：日出东方，太阳升起的方向，寓意希望与生机。

南：光线充足，阳光普照，利于万物生长。

北：给人霸气、辽阔之感。

西：日落的方向，浪漫美好，也代表"栖"，给人宁静感。

中：中正大气，很符合我国传统文化的追求。

其中，东和南字是比较常见于人名的，因此搭配的另一个字，可以更为别致一些。

名字推荐：

东：蔚东、东愉、东彻、东祺、东柠。

西：烁西、凌西、西远、瑾西、西慈。

南：南鸢、樱南、南潇、赫南、瑞南。
北：北珺、颂北、北怀、北柠、北晴。
中：中煜、中衡、中潆、中霁、中舜。

3.— 颜色起名

颜色，也能用来起名，比如唐代诗人张碧，朱熹别号紫阳，现代的如林青霞、钟楚红、邓紫棋。人名一旦有了色彩，似乎就变得更灵动，熠熠生辉，因此，推荐一些适合起名的颜色字。

蓝：给人一种蓝图、蓝天的感觉，开阔明朗。

橙：积极阳光、乐观向上。

白：有纯洁干净的感觉，象征着人品的高洁与端庄。

紫：适合以后想从事演艺行业的人们，代表大红大紫。

还有碧、青、黛、彤、缇等。起名推荐：

宁绛、赤颜、丹鹿、赫兮、云绯。

聿彤、琉白、素伊、皓悦、黛词。

墨岚、松缇、青栀、牧苍、碧落。

绿漓、翠念、紫沅、姝堇、蓝彻。

绛芯、赤瞳、丹祺、赫予、绯念。

浠彤、颂白、素攸、皓承、黛荞。

墨潆、缇然、青羡、苍洛、碧苒。

以上便是能够起出别致名字的方法，可以结合起来使用，比如数字搭配虚词、水果字搭配生僻字、方位字搭配动词等，灵活运用，相信你一定能够起出别具一格的好名字。

10 —— 根据个人的特点起专属名

所谓"独一无二"未必只是用字的独一无二，也可以从一个人自身的特点出发，找到一些专属于个人的元素，构思一个极具个人风格和故事感的名字。

巧用时间元素

1.— 取干支用字

中国古代历来用干支纪年法，十天干分别是：甲、乙、丙、丁、戊、己、庚、辛、壬、癸。十二地支分别是：子、丑、寅、卯、辰、巳、午、未、申、酉、戌、亥。

年、月、日、时都可以分别用两个字（一干一支）来表达，例如 2022 年 3 月 24 日早 6 点，用干支来表达就是：壬寅年、癸卯月、丙子日、辛卯时。十天干与十二地支以阴对阴、阳对阳来搭配，共有六十种组合，也称"六十甲子"，组合如下：

甲子　乙丑　丙寅　丁卯　戊辰　己巳　庚午　辛未　壬申　癸酉

甲戌	乙亥	丙子	丁丑	戊寅	己卯	庚辰	辛巳	壬午	癸未
甲申	乙酉	丙戌	丁亥	戊子	己丑	庚寅	辛卯	壬辰	癸巳
甲午	乙未	丙申	丁酉	戊戌	己亥	庚子	辛丑	壬寅	癸卯
甲辰	乙巳	丙午	丁未	戊申	己酉	庚戌	辛亥	壬子	癸丑
甲寅	乙卯	丙辰	丁巳	戊午	己未	庚申	辛酉	壬戌	癸亥

干支用字，因为较少用于名中，一旦出现就显得比较独特，又因为结合了传统文化，看起来就多了一些底蕴。中国现代历史学家陈寅恪，名字中"恪"为辈分字，"寅"字正是其出生的年份地支（陈寅恪生于1890年，农历庚寅年）。当代民谣乐队"水木年华"中的成员卢庚戌，"庚戌"二字也正是其出生年份的天干地支（1970年为农历庚戌年）。

鲁迅先生的小说中，有一位大家非常熟悉的人物——孔乙己，名字中的乙己两字都是天干用字，然而这样的搭配却不符合传统文化的常识，用天干和天干搭配，并不符合"六十甲子"的组合规则。而名字自身所带有的矛盾感恰如小说中孔乙己的人物性格，略有文化却又好吃懒做，爱面子却又行偷盗之事。这种名字与个性的巧合也让我们对小说人物有了更多的遐想。

不仅是个人的名字，家里有多个孩子，也可以考虑用干支用字来做关联。

起名实例：父姓许，家里两个孩子，大宝男孩生在2018年，农历戊戌年，二宝女孩生在2020年，农历庚子年，想起两个有关联但不要太明显的名字。

我以两个孩子的出生时间作为构思要素，选用了干支纪年的用字，大宝用戊戌年的"戊"字，起名许安戊；二宝用庚子年的"庚"字，起名许乐庚。戊是天干第五位，单论字义，也有中央、万物繁茂之义,"安戌",字形搭配和谐,寓意民安物阜(人民安定、物产丰富)。庚为天干第七位,本义有年龄之意,作为名字,寓意喜乐幸福,随着年龄的增长,健康与美好不减。而"安"与"乐"又有寓意上的关联,"安乐"一词,意为安宁和快乐。搭配许姓,意为许汝安定富足,许汝岁岁常乐。两个名字内在思路一致,外在却各有特点,更是体现手足情深、同根同源。

2. 取四季用字

"四时之景不同,而乐亦无穷也。"出自欧阳修《醉翁亭记》。

若某个季节对你有特别的含义,比如相识、相恋、相许、怀胎、出生等,便可用四季元素作为名字的构思。《红楼梦》里的四春(贾元春、贾迎春、贾探春、贾惜春),名字一直被人津津乐道。如演艺人员春夏,直接以"春夏"二字作为艺名,独特又灵气。名字中直接用"春夏秋冬"四字之一,比较考验搭配,且对姓氏要求比较高,若搭配不好难免流俗。下面举几个好听不俗的名字供参考,有真实历史名人,亦有原创之名。

春:燕惊春、常遇春、易为春(向阳花木易为春)、盛春朝(我言秋日胜春朝)……

夏:林初夏、路夏深、孟夏晚、邱夏云(夏云多奇峰)……

秋:瞿秋白、梁实秋、程砚秋、顾秋颜……

冬:赵冬曦、齐牧冬、韩御冬、年复冬……

如若觉得"春夏秋冬"四字太直白,也可以从古人对四季的雅称中选一个,更显古风和浪漫。

春:青阳、苍天、九春、阳春、青春、天端、东皇、兰时、昭节、苍灵……

夏：孟夏、仲夏、季夏、清夏、炎夏、朱夏、朱律、炎节、长赢、槐序、炎序……

秋：素商、凄辰、金秋、九秋、高商、商节、素节、白藏……

冬：严节、元冬、九冬、青冬、玄英、岁馀、玄序……

起名实例：沈姓女孩，父母都钟爱春季，喜欢与花草为伴。我起名为沈苍灵。

苍灵，也称青帝，是司春之神和百花之神。苍字大气辽阔，搭配灵字，给人以春天的萌动、萌发之感，作为女孩名，大气的同时又多了些活泼灵动。

3. 取节气用字

除了季节，还有一个时间性的法宝不能忘记，那就是二十四节气。

二十四节气是中华民族特有的宝贵财富，在中国历法中，二十四节气是干支历月份的划分节点，也是农业耕种重要的指导依据。在国际气象界，二十四节气被誉为"中国的第五大发明"。2016年11月30日，"二十四节气"被正式列入联合国教科文组织人类非物质文化遗产代表作名录。

虽然我们日常统称"二十四节气"，但"节"与"气"其实是两个概念，二十四节气中包括十二节令和十二中气。节令和中气的名称分别如下：

节令：立春、惊蛰、清明、立夏、芒种、小暑、立秋、白露、寒露、立冬、大雪、小寒。

中气：雨水、春分、谷雨、小满、夏至、大暑、处暑、秋分、霜降、小雪、冬至、大寒。

每一节令／中气的时间范围是根据太阳在回归黄道上的位置来确定的，依据"太阳黄经度数"划分，始于立春，终于大寒。黄道圆周360度，太阳在黄道上每运行15度为一个节令／中气，每节令／中气的度数均等、时间不均等。

因为时间的不均等，所以每一年节气对应的时间都有所差异，例如，2024年立春时间是2月4日16时26分53秒，而2025年立春时间则是2月3日22时10分13秒。因此，若想确定自己的出生时间处于哪个节气，还是查一下当年的节气时间比较准确。

二十四节气的名字，本就具有一定的美感，近年异军突起的国货护肤品品牌，就以"谷雨"为名，名字确实非常贴近国人的审美，带给人自然清新的感觉。歌曲方面，也有很多人钟爱以节气为主题，有一首腔调婉转的歌曲《芒种》，2019年至2020年在各大平台热度极高。不过个人最喜欢的还是歌手筠子的《立秋》，她的专辑《立秋·春分·冬至》中，三首以节气为名的歌曲都很经典。

作为人名来说，二十四节气多半都可以直接拿来用，或作大名或作小名。近几年很多人都比较喜欢以"小满"作为小名，"人生小满胜万全"，不求大富大贵，只求小满与平安。

以节气元素起名，还有一个思路可以进一步引申。古人对于二十四节气十分重视，几乎每个节气都有几首比较著名的诗句，若觉得用节气的名字比较直接，也可以从节气相关的诗词中取名。

起名实例：父姓郑，起女孩名。

孩子恰生在谷雨当天，若以"郑谷雨"作为名字似乎也是个不错的选择，只是多少显得有些随意。于是我翻查了谷雨的诗词，刚好诗人仇远有一句"正当谷雨弄晴时"非常戳中我。谷雨是春季的最后一个节气,天气转暖,万物都迎来蓬勃的生长期;郑板桥对谷雨时分的描写则是"不风不雨正晴和"。于是,我从这两句诗中分别起了名字:郑晴和、郑弄晴。若是你,会选择哪一个名字呢?

4. 依出生月份用字

从前的日子节奏慢,古人对于每一节气、每一月份都倾注了无数的情感,无数的诗词描绘着每一季节,每一月份,于是每个月份都多了很多浪漫的雅称。这些雅称,若用来起名,则更添了专属的浪漫与雅致。

农历月份的部分雅称:

一月:端月、初月、嘉月。　　七月:夷则、相月、首旻。

二月:杏月、仲阳、酣春。　　八月:仲商、中律、清秋。

三月:桃月、莺时、樱序。　　九月:霜序、岁晏、季商。

四月:麦夏、乾月、维夏。　　十月:岁阳、玄仲、应钟。

五月:景风、蒲月、启明。　　十一月:葭月、畅月、仲冬。

六月:杪夏、梓月、建未。　　十二月:星回、时晏、嘉平。

起名实例:父姓孟,取男孩名为孟维夏。

孩子生于农历四月,初夏时分,想起诗意一点的名字。看到这个姓氏,首先就让我想到了,"孟"字的字义中就有"每季的第一个月"这样的内涵,孟夏便是初夏四月。同时,我又想到了《诗经》"四月维夏,六月徂暑",遂起名为孟维夏。"四月维夏"的含义正好是人间四月初夏好时节,既呼应了宝宝的出生时间,一个"维"字在中间,又多了一些稳重感,热情阳光又不躁动,给人乐观积极又富有智慧之感。

起名实例：父姓周，取男孩名为周嘉平。

孩子生于农历十二月，腊月是一年的最末，但也即将迎来新的开始，把腊月雅称为嘉平，或许也是古人在岁序更新之际对美好与平安的期盼。而我之所以给周姓宝宝起名为周嘉平，亦是因为"周"也有"周而复始"之意，寓意在循环往复的时光中拥有一些美好与平安，以平常心面对生活，体会生活的美好。简单的名字背后，其实是一种强大的平和。

结合气候元素

除了时间以外，宝宝出生之时的气象，也是很多家长非常关注的因素之一。很多家长会这样描述孩子出生时的天气：

"宝宝出生前的几天一直下雨，但他出生的当天雨就停了，阳光非常好……"

"宝宝出生这天是××地方多少年以来的第一场雪……"

"宝宝刚好出生在雨天，我和孩子妈妈都很喜欢雨天……"

……

因为有了孩子的到来，平常的气象在父母的心中也会变得非常独特。我有个侄女，生在一个大雪纷飞的夜晚，于是表哥给她起名为雪飞，看似平常无奇的两个字，但每次读起来都会有一种雪花飞舞的灵动，也能想象到一个中年男子初为人父，看到漫天飞雪仿佛也在祝贺自己生了女儿的欣喜之情。

另有一个朋友叫秋霂，这是她成年之后所改的名字，秋日的细雨，有一种浪漫又伤感的美。

放在时间的长河中，每一天都是平凡的，每一种气象都是平常的。但若把这一天和某个人结合起来，每一天都有值得我们品味的无数细节。因此，若出生之日有一些特别的天气现象，不妨把这个特点融入名中。比如，出生在雨后天晴的宝宝，起名可以采用"霁"字，代表雨雪后放晴；宝宝出生时阳光明媚、晴空万里，起名可以采用"朗"字，体现出明朗、光明。

以下总结了一些关于天气和温度的字词，在起名的时候可以参考使用。

晴：朗、明、灿、阳、亮、蔚。

雨：润、滴、露、霖、潇、绵。

雾：朦、烟、弥漫、氤氲、霏。

雪：白、傲、飘、皑、素、瑞。

云：霄、霭、雯、朵、盈、轻。

风：渺、逸、柔、凛、飒、飙。

暖：温、炎、炽、灼、赤、烈。

冷：寒、泠、霜、凉、沧、凌。

起名实例：父姓金，取男孩名为金烈阳。

宝宝生在十月，此时秋意已深，连续几天的秋雨之后，在孩子出生这一天却是骄阳似火，因此我起名为金烈阳。

烈阳当空，配合金姓，第一，有金秋天气秋高气爽的辽阔感；第二，俗语常讲"真金不怕火炼"，烈阳如火，亦与姓氏相得益彰。寓意乐观积极，经得住考验与磨炼，能散发出耀眼的光芒。

起名实例：父姓白，取男孩名为白展虹。

孩子父亲说："宝宝出生时刚好雨过天晴，出现了彩虹，感觉非常难得，希望结合情景起名。"我联想到黄庭坚的《水调歌头》：

"我欲穿花寻路,直入白云深处,浩气展虹霓。"于是起名为白展虹。诗句完美融合宝宝出生时的意境,给人一种清新自然之感,青霄白日之下,彩虹以拟人的姿态舒展呈现,寓意孩子未来人生晴朗,更有浪漫情怀。

结合宝宝外貌与性格元素

父母看孩子,是无论如何也看不够的,且总能发现孩子的独特之处。除了出生时间、天气以外,宝宝自身的样貌、性格特点,也可以用来结合起名。

1. 样貌特点

每个刚出生的宝宝都有自己的外貌特点,抓住一些专属于宝宝的关键词,也可以直接拿来起名。

五官:瞳、耳、樱桃小嘴、双瞳剪水、眉清目秀、炯炯有神、亮晶晶。

皮肤:光滑、娇嫩、白皙、柔软、红扑扑、粉妆玉琢、肤如凝脂、冰肌莹彻。

毛发:茸、丝、黑、油亮、蓬松、绒绒、细柔、卷曲、棕褐、青丝。

身材:修长、笔直、强健、纤细、轻盈、肉嘟嘟、圆滚滚、娇小玲珑、虎头虎脑。

整体形象:秀气、古灵精怪。

起名实例：父姓林，取男孩名为林修竹。

家长说，宝宝妈妈在怀孕期间，每次 B 超体检时医生都会多说一句：这个宝宝腿挺长的。出生之后，医生觉得宝宝长得也很秀气，而且以后肯定是个大长腿。因此，宝宝父亲就很想直接给孩子起名为林修长，因为修长作为词组，不仅是身材修长，也有修养成熟的意思。但宝妈不同意，觉得修长作为名字过于随便，会引导孩子日后过于注重外表。于是夫妻俩找到我，问问我有什么建议。

结合父母双方的思路，我给出的建议是，起名为林修竹，修竹为高长的竹子，也有身材修长的象义。且《兰亭集序》云："此地有崇山峻岭，茂林修竹。"又多了一些雅致，有了一些竹之清雅和风骨，结合林姓，文艺自然，清新大气，寓意宝宝修养极佳，正直坚韧，有翩翩少年之感。

起名实例：父姓章，取女孩名为章星绵。

家长描述，宝宝出生后头发自然弯曲，眼睛又大又圆，很有神采，想起一个软萌可爱的名字，于是为宝宝起名为章星绵。眼睛明亮有神，就如一闪一闪的星星；结合"绵"字，绵有柔软之意，呼应宝宝的头发绵软，整体简单温婉，寓意直白，代表宝宝温柔美好，眼明心亮，聪慧灵动。

2. 性格特点

除了外貌，孩子们性格也是各有千秋，有的宝宝很安静，不哭不闹；有的宝宝不仅声音洪亮，还非常活泼。对于性格的形容词，或是针对孩子现有的特点，你希望他／她拥有什么样的性格，也可以考虑以这个方向来起名字。

活泼：欢、跃、喜、笑闹、伶俐、机敏、精力充沛、天真烂漫、充满朝气。

安静：恬、宁、平、谧、静、淳、毅、和、稳、实、秩序、韧性。

敏感：灵、谨、敏锐、细致、含蓄、洞察、感性、见微知著。

温柔：婉、润、柔、谦、宛、纯、窈、温文尔雅、彬彬有礼、风度翩翩。

好奇：觅、探、寻、索、究、奇、问、探头探脑、刨根问底。

起名实例：父姓展，取女孩名为展舒颜。

家长描述，宝宝一出生就能感觉到是个急脾气，但毕竟是个女孩子，不想让她以后毛毛躁躁的，希望起一个温柔一点的、看着就很平和的名字。结合这个期望，于是给孩子起名为展舒颜。舒，给人舒适、柔和之感，用在女孩名字中温柔大方。"舒颜"，欢悦貌，名字结合姓氏"展"，寓意宝宝不急不躁，舒心顺意，总能保持容颜的舒展、温和。

结合独特的梦境与故事

除了一些外在的描述，其实还有一些事情与宝宝关系密切，就是我们比较主观的感受和经历。比如妈妈怀孕时，反复且相似的胎梦，或宝宝出生前后的小插曲、小故事，这些都可以用来提取一些关键字词，给宝宝起出独一无二的好名字。

1. 梦境

宝妈的胎梦形形色色，有些梦是重复出现的，有些梦是和宝宝直接相关、印象非常深刻的，如果有这些方面的感受或经历，给宝宝起名的时候，也是可以参考融合的。

有些妈妈会梦到动物，有蛇、龙、马、猫、鱼、鸟等，多种多样。

明代名臣张居正，关于他的记载，就有其乳名"白圭"的由来。

据说张居正出生之前，其曾祖父做了个梦，梦中一轮圆月落在水瓮里，照得四周一片光明，然后一只白龟从水中慢慢浮起。曾祖父认定白龟就是这小曾孙，于是给他起了个乳名"白圭"，希望他来日能够光宗耀祖。圭是我国古代的六大玉器，寓意美好。

不仅小名可以应用这种方法，大名同样可以。

起名实例：父姓叶，取男孩名为叶厚麟。

宝妈自述：怀孕的时候经常梦到麒麟，我之前也从来没看过什么相关的故事或者视频，甚至都分不清麒麟、龙和貔貅，但在梦里有很明确的画外音，这个是麒麟，不知道是否可以参考这个信息给儿子起名。

于是，结合这段信息，我为宝宝起名为叶厚麟。麒麟，瑞兽，《说苑》记载："含仁怀义，音中律吕，行步中规，折旋中矩。"体现了麒麟仁厚君子的谦谦风度。以"厚麟"为名，结合了麒麟及其特点，希望宝宝长成如麒麟般的仁厚君子，好运围绕。

起名实例：父姓夏，取女孩名为夏听蝉。

宝妈自述：我这个很不一样，怀女儿的时候，在宝妈群里聊天，大家都是梦到蛇、龙、猫、马之类的，我梦到的是蝉，高高大大的树，有那种很大的金色或者透明的蝉，有的就会飞到我的身体里。

结合这里的梦境元素，我为宝宝起名为夏听蝉，出自王维《辋川闲居赠裴秀才迪》："倚杖柴门外，临风听暮蝉。"

"夏听蝉"这个名字饱含诗句中的幽静与自然，寓意宝宝拥有超然物外心自宽的态度，不受琐碎之困。暑气渐止，秋意渐浓，生在夏末初秋的宝宝用这个名字的确非常有意境。

我总结了一些梦中常见的动物及相关字词，大家起名的时候可以参考。

动物字：麒麟、雀、象、鹿、鹤、雁、羚、蝉、鲸。

相关字：胧、珑、茏、骏、驰、骋、骢、云螭、羽。

有些妈妈，胎梦基本都是梦到小孩子，但是梦中的情景生动，让人印象深刻，所以归纳总结，也是可以用来起名的。

起名实例：父姓刘，取女孩名为刘麦瞳。

宝妈自述：刚怀孕时我梦到过一个小女孩，眼睛特别大特别亮，后来果然生了女儿，眼睛很大很亮，挺漂亮的，希望她衣食无忧、快快乐乐。

结合相关信息，我为宝宝起名为刘麦瞳。名字参考了母亲胎梦中的元素，宝宝眼睛又大又亮，取"瞳"字，代表眼眸明亮，美好脱俗。搭配了"麦"字，希望宝宝衣食丰足，物质与精神双重满足，更能体现内心的纯洁、眼神的清亮，象征喜乐无忧。

起名实例：父姓苏，取男孩名为苏定硕。

宝妈自述："怀孕时梦到一个小男孩向我走过来，旁边有石头往下掉，他非常淡定，我走过去把男孩抱起来，后来生了儿子，很乖很安静。"

结合相关信息，我为宝宝起名为苏定硕，宝宝安静淡定，因此构思了"定"字，谐音母亲的姓氏丁姓。搭配了"硕"字，硕有大之意，含有"石"字，名字有双重含义，一是代表宝宝内心安定，不急不躁，稳重大气；二是即使遇到一些风浪，宝宝依然能够利用好自身的大智慧，平息一切。

除了动物和宝宝，有些人也会梦到植物等其他物品，如果觉得哪些元素是和宝宝有缘分的，或者文艺、诗意的，也可以考虑用来起名。

起名实例：母姓邬，取女孩名为邬南舟。

宝妈自述："我是台州人，嫁到了北京来，怀孕的时候经常梦到小雨、木舟，女儿随我姓邬。"

结合相关信息，我为宝宝起名为邬南舟。南舟，烟雨江南，野渡横舟，结合姓氏邬，给人一种迷蒙、温婉的感觉，很适合女孩子。寓意宝宝如江南水乡的小舟，积极乐观，勇敢前行，呼应了母亲的梦境，别有深意。

2. 故事

除了梦境以外，更为独特、专属于个人的，莫过于故事了。每个家庭都有独特的故事，每个故事都有自己的深意。

起名实例：父姓文，取女孩名为文馥予。

宝爸自述："我母亲名字里带兰——兰花，我老婆名字里带馨——康乃馨，希望宝宝的名字也是类似的，带有植物特点的。"

结合相关信息，我为宝宝起名为文馥予。

母亲和奶奶的名字都带有"花"，思来想去，很多花美，但是名字不太适合用来起名。换一个角度，我认为，花的另一个特点是香气，结合文姓，我脑海中浮现的第一个字便是"馥"。馥，本意为气味芬芳、香气浓郁，用在名字中象征岸芷汀兰、品行高洁。且"赠人玫瑰，手有余香"，人生是一场投桃报李的互动，因此另一个字搭配了"予"字。希望宝宝成为一个内心丰盈、温暖善良、灵魂散发着香气的人。

起名实例：父姓历，取男孩名为历千山。

宝爸自述：我和老婆从高中就在一起了，出国读书也是一起，在生宝宝之前，我们全世界地玩，只要有时间就出门，总共去过14个国家，国内40多个城市，想要给儿子起一个父母永远在一起、在你身后的名字。

结合相关信息，我为宝宝起名为历千山。出自"有人求道历千山，有人自在逍遥间"。

名字结合姓氏，十分大气惊艳，展现了壮阔不凡的意境，代表父母历经千山万水、依然陪伴在彼此身边。山字给人稳重之感，也象征父母是宝宝的靠山，寓意宝宝的性格自由潇洒，读万卷书，行万里路。

梦境及故事起名，此种方法独特性较强，涉及的因素天马行空，可以自行总结，挑选适合的字词来起名。

结合有故事的地名与数字

1. 城市

若哪个城市对整个家庭而言有特别的意义，也是可以拿来起名的。

起名实例：父姓刘，取男孩名为刘冀川。

宝爸来自河北，宝妈来自四川，南北结合的缘分让双方都觉得十分难得，因此我从父亲和母亲故乡的省份各选出一个字，结合起来，作为宝宝的名字，起为刘冀川。作为名字，不仅代表宝宝是父母爱情的结晶，且"冀"有希冀、希望之意，"川"更象征一马平川，寓意宝宝前途无量，顺遂无忧。

起名参考：

京硕、予津、冀恒、蒙一、辽星、晋欢、栩吉、黑曜、沪安、正苏、浙乔、宛皖。

闽煦、赣希、鲁贺、豫恩、鄂竹、丝琼、又川、可黔、云恬、渝苒、藏（zàng）之、陕月。

甘泠、青忱、宁舟、彦新、书粤、桂如、港森、明澳、洛台。

2.— 特别数字

除了地名，如果某个时间对你有特殊的意义，也不妨直接考虑把这个时间的对应字用在名字中，我们可以再次回顾宝宝出生的年、月、日、时，或者父母相识、结婚等纪念日，取数字相关的元素，加以使用。

起名实例：父姓孟，取女孩名为孟晨柒。

宝宝生于2017年7月17日07：27，放眼望去，一片数字7，所以在起名的时候，我就结合了"七"这个数字，起名为孟晨柒。名字呼应宝宝生于早晨，纪念出生时间含有多个数字七。采用"柒"字，更为独特大方，字有水有木，结合晨之阳光，寓意在成长的过程中，得到阳光雨露的滋润，健康美好，未来可期。

以上就是围绕宝宝自身特点来起名的方法，从时间、样貌性格出发，到胎梦、宝宝出生的小故事，以及特殊地名，里面推荐了大量名字可以参考的字词，如果有适合的情境，可以直接参考使用。

11 — 多孩家庭怎么起名

中华民族自古就非常重视血脉亲情，世家大族子弟起名字常使用"行辈字"，如张学良、张学思、张学铭，名字之间会有所关联与呼应。

家谱的行辈字派，一般由家庭中的某一位身份地位较高的人制订，有的编成几句吉祥话，有的文人甚至将其写成诗，如浙江《唐氏宗谱》的"行辈字派"是"福禄永昌隆，和良端世美，才智瑞宁聪"；湖北《汪氏宗谱》的"行辈字派"是"正大光明，成先于后，世泽延长，齐家有猷"。受限于旧时观念，行辈字一般只限家中男性使用，女性则不使用行辈字，亦不记入族谱。

当代社会，多数家庭已经不再使用行辈字，但兄弟姐妹之间名字相互关联的传统仍在，本文结合当代家庭多孩起名常见方法，以及我的个人经验，整理出九大思路，为多孩家庭起名提供参考。

出生排行

立行辈所以分尊卑，定表字所以别长幼。以长幼排序相关用字的思路来起名，比较传统，但当下仍然可用。

在古汉语中，"伯仲叔季"指兄弟排行。"伯"是老大，"仲"为老二，"叔"为老三，"季"则是老四。如果家中有多个孩子，便可以采用"伯仲叔季"作为中间字来起名。如三国时孙坚的长子孙策，字伯符；二子孙权，字仲谋；三子孙翊，字叔弼；四子孙匡，字季佐。四兄弟的字就是按照"伯仲叔季"的排行起的。

再如三国时的司马懿，排行第二，字仲达；其长兄司马朗，字伯达；三弟司马孚，字叔达；四弟司马馗，字季达，也是按照出生排行起名，不过司马懿并非只有兄弟四人，而是兄弟排行字只有四个，另外的四个兄弟，字也采用了"达"，与哥哥们相呼应。由此可见，若家中孩子多于四个，用"伯仲叔季"起名就有局限性了。

不过，表达次序的字并非只有这一种，前文中提到过的古人用以记录时间的十天干，也可以作为排序字来起名：

十天干：甲、乙、丙、丁、戊、己、庚、辛、壬、癸。

起名参考：

鸣甲、路乙、茜丙、颐丁、黎戊、煦己、长庚、伊辛、霆壬、茉葵（与癸字读音一致，借用字形）。

这种方法，一个家族中的堂兄弟姐妹也都可以共用起来了。

现实生活中，我还遇到过直接用"一、二、三"给孩子起名的：

祝一芯、祝尔愿、祝三笙。

在我的建议下，家长把数字"二"化为谐音的"尔"字，结合姓氏"祝"，有"祝你心愿达成"之意。三个名字连起来，"得一心人，偿平生愿，三生有幸，为一家人"。

同字同音

在多孩的名字中用一个相同的字，或相同的音，这是从古至今都在使用的方法，常用也好用。

1.— 同字法

陆游给孩子们起的名字就是此种类型的。据《陆游年谱》中记述，他共有七子，他们的名字分别是：陆子虞、陆子龙、陆子修、陆子坦、陆子布、陆子约、陆子聿。

看下来，同样都是"子"字起名，与子涵、子轩相比，子修、子约、子聿这种名字，现在用也依旧不过时，笔画简单，韵味十足，不愧是南宋的著名诗人。

现当代也有同样的例子，20世纪中国最显耀的姐妹组合：宋氏三姐妹，她们的名字分别为：宋蔼龄、宋庆龄、宋美龄，与陆游孩子们的名字不同，宋氏三姐妹的名字是尾字相同。宋蔼龄联姻孔祥熙，富甲天下；宋庆龄曾是中华人民共和国名誉主席，万众敬仰；宋美龄嫁给蒋介石，权势显赫。

娱乐圈中的多孩家庭也有采用此方法起名的，谢霆锋和张柏芝的儿子起名谢振轩、谢振南；余文乐的儿女起名余初见、余初心。

2.— 同音法

同音法和同字法的起名思路是一致的，尤其是多孩家庭中，孩子的性别可能不同，采用同音不同字的方法起名更加灵活。

例如谢霆锋和妹妹谢婷婷，"霆"和"婷"是同音字，分别用在男性和女性名字里面，男生用"霆"显得霸气阳光，女生用"婷"则体现出亭亭玉立。

我曾帮一位海外的朋友给家中的三个孩子起名，希望名字既能够体现中国传统文化，又能相互之间有所关联。于是我想到了中国传统文化中的儒、释、道文化，巧用同音字，分别取儒家的"敬"、道家的"静"、佛家的"净"，为三个孩子起名为：执敬、守静、心净。

| 执敬 |

出自儒家代表作《论语》：事思敬，执事敬，修己以敬。

希望孩子保持恭敬的态度修养自身，热爱自己，热爱工作，行事专心致志，全心全意。

| 守静 |

出自道家经典《道德经》：致虚极，守静笃。万物并作，吾以观其复。

寓意孩子稳重有毅力，行事平和淡然，自信大方，知常守静，保守心性的清净光明。

| 心净 |

出自佛经《金刚经》：应如是生清净心，不应住色生心，不应住声、香、味、触、法生心，应无所住，而生其心。

期待孩子远离烦恼与忧愁，做一个自性清净之人。

名字尾音相同，字有差异，不仅象征孩子们手足情深、各有特点，又能凸显出名字的底蕴和内涵。

多孩起名，同音字是一个很方便的思路，如果有二胎、三胎的规划，给大宝起名时最好选择同音字比较丰富的字，后续起名空间会更大。以下总结了一些同音字组合，可以参考。

晞、浠、翕、希、溪、锡、熙。

同、瞳、童、彤、曈、桐、潼。

静、竞、婧、径、境、靖、竟。

喧、轩、宣、瑄、萱、暄、烜。

成、呈、承、乘、橙、丞、澄。

清、轻、倾、卿、青、晴、擎。

3.— 注意事项

同字、同音法是日常中最常用的起名方法，也最为省力，不过需要注意的是：

第一，同字起名时，用字要考究一些，给龙凤胎起名，尽量挑选中性字，避免使得男孩名字过柔、女孩名字过刚。比如张韶涵，有一个弟弟和一个妹妹，名字为张韶杰和张韶轩。相对来说，"韶"是比较中性的字，这样无论是男宝还是女宝，都比较好搭配共用字来起名。

第二，同音起名时，如果读音偏柔和或者刚硬，搭配的另一个字要更符合性别特点，例如林志玲，她的哥哥叫林志鸿，同字是"志"，稍显男性化，于是第三个字起了比较女性化的"玲"，马上就有了不同的韵味，大方中带着柔美。

第三，若同字同音都组合不出满意的名字，可以考虑其他方法，避免名字变为生硬的组合。

词语、成语

除了以同字、同音起名，也可以选择使用词语或者成语来起名。让孩子们的名字出自同一个成语，或者尾字、中间字可以组成美好的词汇，显得更具巧思和深意。

比如我国现代教育家、作家叶圣陶的两子一女，名字分别是叶至善、叶至美和叶至诚，至善、至诚本身就是一个词语，代表最崇高的善、最高的思想境界，而至美出自成语"至真至美"，形容非常完美。

我认识一对双胞胎，哥哥名为吴限，弟弟名为吴垠，音同无限、无垠，两个名字都有广阔无边的寓意，志向高远。更巧妙的是，"限"和"垠"两个字，在字形上也十分相似，一看就有兄弟的感觉。

1. 词语起名

| 昱晴、昱朗 | 昱日当空，万里晴朗

"晴朗"这个词语表示阳光积极，那么自然很容易联想到"太阳"的意向，可"阳晴""阳朗"就太难听了。所以选择一个不太常用的"昱"（yù）字，昱是一个会意字，"日"与"立"联合起来表示"新日登位"，本义是新的一天，也指光明照耀，和"晴朗"有比较强的关联。

| 文谦、文和 | 斯文有礼，谦和待人

"谦和"这个词也是家长们很喜欢的，对应"斯文"也很合适，给人一种诗礼之家的感觉。

| **忆安、忆宁** | 行思坐忆，一世安宁

"安宁"是我很喜欢的一个词语，苏轼曾说"此心安处是吾乡"，希望所有孩子都能找到自己的心安之处，拥有父母的思念与关心，一世安宁幸福。

| **锦墨、锦白** | 锦衣玉食，粉白墨黑

"锦"是指"有彩色花纹的丝织品"，很贵气的一个字，结合墨与白，象征着一生精彩纷呈，不仅有洁白的人品，更有出彩的文墨。

| **宥恒、宥心** | 学贵有恒，心无旁骛

"宥"谐音"有"，这个字有宽仁的意思，希望孩子们有福气，有恒心，懂宽容。

2.— 成语起名

经常被家长们当作案例的一个成语就是"怀瑾握瑜"，比如一个孩子叫李怀瑾，另一个就叫李握瑜。当看到其中一个名字，人就会不自觉想"他／她是不是还有个兄弟姐妹啊"。

但其实，个人来看，怀瑾是个不错的名字，我国文学家、教育家南怀瑾的同名，但"握瑜"作为名字，还是怪了一些。

所以要想用这个方法，最重要的就是找对合适的成语。

不过中国的成语极多，我根据近年来的经验，总结出以下可以起名的成语：

景星庆云、茂林修竹、雷霆万钧、楚楚可人。

蕙质兰心、安然无恙、诗情画意、袅袅婷婷。

绘声绘影、语笑嫣然、清音雅韵、见贤思齐。

桑榆非晚、高瞻远瞩、定国安邦、钟灵毓秀。

熙熙融融、月朗风清、暮云春树、惠风和畅。

同时，也可以拆解成语，从中组合出两个名字。比如，门庭赫奕，可以起名赫庭、赫奕。

"赫"是显著、盛大的意思，"庭"指院落、厅堂，"奕"有积累、光明及盛大的意思。

"门庭赫奕"是形容人地位、名声显赫的意思。取这两个名字，不仅表现出一种尊贵华丽的气质，也寓意富足安康。

当然，选用词语或者成语起名，也有几点需要注意：

第一，要采用寓意佳的词语、成语。

第二，注意词语成语中的用字，并非所有寓意好的成语都适合用于人名。比如，满腹经纶，"经纶"适合用作人名，但"满腹"肯定不宜使用，这时候可以不用局限于一个词语，如经纶、经纬就是一对很好的兄弟名：满腹经纶，更有经天纬地之才。

第三，注意成语引申的寓意，有些成语不止一个意思，需要查看成语的多重含义与隐喻，避免产生名字上的误解。

诗词典故

除了以上方法，在给多个孩子起名的时候，我还喜欢另外一种方法：从诗词典故中起名。诗句起名更多给人一种诗意与浪漫的感觉，可以赋予名字更深刻的含义。

起名实例一：柔嘉、维则、令仪。

出自《诗经》："仲山甫之德，柔嘉维则。令仪令色，小心翼翼。古训是式，威仪是力。"

译文：仲山甫贤良具美德，温和善良有原则。仪态端庄好面色，小心翼翼真负责。遵从古训不出格，勉力做事合礼节。

柔嘉，温和善良；维则，有原则；令仪，仪态端庄。三个词都称赞人的品性，且同出自《诗经》上下句，虽然没有相同的字，但依然有着极强的关联性。

起名实例二：映筱、临轩。

出自李收《和中书侍郎院壁画云》："映筱多幽趣，临轩得野情。"

映筱、临轩，分别有着不同性别的气质，且映和临均为动词，具有积极向上的感觉。另外，筱为竹，坚韧清雅；轩为车，飞扬高举。寓意孩子们阳光乐观，坚韧美好，气宇轩昂。

出自诗词的名字非常之多，大家可以根据自己欣赏的名人、喜欢的经典著作和诗句来起名，以下名字可作参考。

| **惟明、惟聪** | 出自《尚书》："视远惟明，听德惟聪。"

| **令闻、令望** | 出自《诗经·大雅》："颙颙卬卬，如圭如璋，令闻令望。"

| **羡青、羡白** | 出自汤恢《八声甘州·摘青梅荐酒》："羡青山有思，白鹤忘机。"

| **云菲、承宇** | 出自《楚辞·九章》："霰雪纷其无垠兮，云霏霏而承宇。"

| **楚骐、楚骥** | 出自《楚辞·离骚》："乘骐骥以驰骋兮，来吾道夫先路。"

| **景和、景煦** | 出自弘历（乾隆）《雨》："勾萌含润泽，韶景滋和煦。"

| **乐知、安之** | 出自李东阳《山水图》："山林此乐予未知，褰裳欲去将安之。"

| **春煦、暮寒** | 出自文同《彭州南楼》："秀野含春煦，乔林拥暮寒。"

| **楚天、清秋** | 出自辛弃疾《水龙吟·登建康赏心亭》："楚天千里清秋，水随天去秋无际。"

| **思睿、圣睿** | 出自《尚书·洪范》："思曰睿……睿作圣"。

| **知雨、知时** | 出自杜甫《春夜喜雨》："好雨知时节，当春乃发生。"

| **竹影、泉声** | 出自杜荀鹤《题弟侄书堂》："窗竹影摇书案上，野泉声入砚池中。"

| **山月、鹤风** | 出自唐求《夜上隐居寺》："千里照山月，一枝惊鹤风。"

从诗词中起名，也要注意诗句的情感和寓意，避开挽词、悲歌，有些诗词整体寓意欠佳，但是单句诗的寓意不错，这类诗词也可以考虑。

对偶起名

对偶，即用两个结构相同、字数相等、意义对称的词组或句子来表达相反、相似或相关意思的一种修辞方式。对偶的特点就是：看起来整齐醒目，听起来铿锵悦耳，读起来朗朗上口，便于记忆、传诵，非常适合两个孩子的家庭使用。

1.— 相关寓意

采用寓意相关的名字来起名,因为字义相近、相同,更能体现孩子们同根同源,感情深厚。

如:白居易、白行简。"居"和"行",一静一动,"易"和"简"则平易而简约。居则易,居易则乐天而知命;行则简,行简则能进而知退。

再如清代诗人:丁嗣微、丁裔沆。"嗣"有继承、接续、后代之意;"裔"为后辈、子孙后代之意。名字象征着后继有人、枝繁叶茂。

常用相近寓意的字:

欢乐:乐、喜、欢、愉、畅、欣、悦。
茂盛:繁、蔚、芊、蓁、芃、盛、密。
安康:安、靖、宁、泰、稳、顺、懿。
宏大:阔、深、博、硕、泓、浩、瀚。
阳光:煦、昕、曦、煜、晟、昶、晗。
美丽:媔、嫣、妍、姝、姿、雅、婧。
才学:慧、灵、睿、文、思、聪、彦。
勇敢:毅、恒、衡、搏、敢、御、峥。
平和:靖、桉、甯、纾、宓、和、止。
财富:殷、盈、裕、源、亨、丰、贝。

2.— 相对寓意

相对寓意中其实也分为两种,一种是完全相反的意思,此种方法比较适合龙凤胎，一男一女，一阴一阳，采用反义词起名，亦是符合自然之道；另一种是"对仗"的"对"，比较适合双胞胎或者同性别的孩子。

相反寓意的方法起名，比如林多琛、林少忧。多和少为反义字，分别搭配了"琛"字和"忧"字，象征孩子们多福多财、少忧少愁。

再如苏大维、苏小维。大和小也是一对反义字，用了共同的"维"字，这对名字整体上有次序、长幼的感觉，能够体现出两个孩子的关系。

相反寓意的字：

多少、大小、左右、远近。

古今、张弛、深浅、清浊。

明暗、朝暮、冷暖、隐现。

是非、舒卷、南北、纵横。

本末、巧拙、始终、轻重。

加减、浓淡、新陈、行止。

对仗的方法起名：姜文和姜武，在娱乐圈内有一种说法，叫"姜文不文，姜武不武"，当然这不一定指性格，而是他们各自在作品中的表现；大名鼎鼎的琼瑶，原名陈凤凰，弟弟陈麒麟，凤凰与麒麟均为神兽，亦是祥瑞和谐的象征；还有中国台湾的艺人兄弟包小松、包小柏。

当然，相关寓意的名字，也不是只能用相同的字数，比如李冰冰和妹妹李雪，冰冰与雪，并非相同的字数，但是寓意和意象上有相近之处，冰雪聪明，冰雪相依，姐妹情深。

比如哥哥起名泓然，弟弟起名巍奕。"泓然"出自"泓然窥古甃，

11 — 多孩家庭怎么起名

一勺试甘冷",意为水深清澈,用于人名指不声不响却蕴藏大智慧;"巍奕"出自"巍巍真宇,奕诙殊庭",意为高大,用于人名指沉稳大气,睿智宽宏。"泓然"形容水,"巍奕"形容山,这对名字的妙处在山水兼具,整体寓意是"不饥不寒万事足,有山有水一生闲"。

还有之前我为一对女宝宝起的名字:边关云、边关月。孩子们的父亲是一位曾驻守边关的战士,这对名字比较有画面感和意境,也希望姐妹俩能为父亲的职业感到骄傲和自豪。

3. 情景画面的相对

想要采用此种方法起名,可以查看明末清初文学家李渔创作的《笠翁对韵》。它是一本关于声律启蒙的蒙学读物,全书按韵分编,包罗天文、地理、花木、鸟兽、人物、器物等的虚实应对;也从音律上教授了对一、二、三、五、七乃至十一字对的方法,声韵协调,可以让儿童从中得到语音、词汇、修辞的训练。我们熟知的"天对地,雨对风。大陆对长空。山花对海树,赤日对苍穹"便是出自该文集。其中有大量相对的字词,可以挑选寓意吉祥、发音流畅的字词来起名。

叠字起名

兄弟姐妹间的另外一种起名法,就是叠字起名。

例如,《梦想剧场》的孪生姐妹主持人秦方方、秦圆圆,方方和圆圆都是叠字,而且还是相反寓意的词。再如欧阳娜娜三姐妹的名字:妮妮、娜娜、娣娣,不仅是叠字,而且也都是"女"字旁,非常具有一致性，能够看出是一家的姐妹。

常见叠字名参考：

芊芊、弘弘、元元、然然、晟晟。

楚楚、舟舟、南南、滢滢、今今。

琪琪、熙熙、朵朵、蕾蕾、舒舒。

灼灼、思思、珂珂、菲菲、锦锦。

冉冉、雅雅、欢欢、多多、苏苏。

橙橙、佩佩、沐沐、恩恩、窈窈。

同名异姓

同名异姓，给孩子们起相同的名字，然后姓氏分别冠以父姓和母姓，此种方法适合双胞胎起名，比如玥乔，一个随父亲姓关，一个随母亲姓林，即为关玥乔、林玥乔。

这个方法也可以稍加改变，结合父母姓氏起名，比如父亲姓"韩"，母亲姓"苏"，孩子们可以起名为韩知苏、苏知涵。

偏旁一致

说到偏旁一致，就不得不提一下大名鼎鼎的苏轼的父、兄、子了。

苏轼的父亲苏洵，老爷子兄弟三人，老大苏澹、老二苏涣、老三苏洵，他们的名字澹、涣、洵，均从水旁。

苏轼，和他的弟弟苏辙，轼、辙均为车旁。"轼"就是古代车前用于乘车人扶手的横木，"辙"就是车轮压的痕迹。苏洵在四十岁的时候亲自写的《名二子说》，其中关于苏轼的名，苏洵写道："轮、辐、盖、轸，皆有职乎车。而轼独若无所为者。虽然，去轼，则吾未见其为完车也。轼乎，吾惧汝之不外饰也！"意思是："轮、辐、盖、轸，在车上都有各自的作用，唯独轼好像是没有用处的，尽管如此，去掉了轼，那我便看不到完整的车了。而我担心的是，你因不会装饰自己的外表，而让人不知道你的作用。"

苏轼的字"子瞻"，"瞻"字表示向远处或向高处看。《左传》有言"登轼而望之"，所以，"轼"和"子瞻"是对应的，也再次说明古人的字与名相辅相成。

关于苏辙的名字，苏洵是这样写的："天下之车莫不由辙。而言车之功者，辙不与焉。虽然，车仆马毙，而患亦不及辙。是辙者，善处乎祸福之间也。辙乎，吾知免矣！"意思是："天下的马车都会沿着车轮印前进，而论起功来，辙无份。但出了祸事了，辙也不会受到影响，可以免于灾祸，平平淡淡才是真。"

苏辙的字"子由"，"由"字有顺随、听从之意，在为人处事方面，沉稳内敛，老实厚重。苏辙的一生，其性格及经历正如其名字，老成持重，波涛不惊，安享晚年。

再来看苏轼的四个儿子，分别叫：苏迈、苏迨、苏过、苏遁。迈、迨、过、遁，均为走字底。部分文史学家认为，这四个名字放在一起，能够体现苏轼的人生观——人生，无非就是迈出去、到达目的地、让一切过去、隐于世间。如果这样想的话，苏轼给儿子们起的这几个名字真是高明。

相同偏旁的字有：

王字旁：珂、理、琢、现、璃、望、瑶、瑜。

宝盖头：宇、宽、密、定、宣、赛、宁、宙。
水字旁：浓、涌、澜、漾、润、滴、沅、淮。
草字头：芃、菁、茁、董、芙、蔚、芊、苍。
木字旁：松、棣、权、极、桐、枫、柚、梓。
竹字头：筱、等、答、简、筝、策、筑、笑。
女字旁：婉、嫣、妤、婧、妍、妙、娜、妮。
四点底：熹、杰、烈、煮、然、照、煦、熙。

回文法

回文，汉语中的语法现象，即把相同的词汇或句子，在下文中调换位置或颠倒过来，产生首尾回环的情况，也叫回环。

采用此种方法起名的有田亮的儿女：田雨橙、田宸羽。

不过这对名字并非完全遵守了回文的规则，只是在读音上很相近，我起了几对念起来很相似的名字，以供参考：

| **念霖、泠念** | 沛雨甘霖，泠泠作响。
| **清焰、焰青** | 清雅大方，光焰万丈。
| **恩洛、骆恩** | 知恩图报，洛阳才子。
| **正好、雨政** | 婕好美好，政通人和。
| **佩芸、允沛** | 令人钦佩，允执其中。

借鉴法

借鉴法，很好理解，就是喜欢某个人的名字，直接照搬。

比如郁达夫，他给孩子们起的名字分别是：大儿子郁飞，二儿子郁云，小女儿银瓶。郁达夫仰慕岳飞，所以给大儿子起名叫郁飞；二儿子起名采用了岳飞的儿子岳云的名字，叫作郁云；小女儿就叫银瓶，因为岳飞的女儿叫银瓶。可真是英雄的超级"铁粉"。

如果你有很崇拜、尊敬的人，想要在名字中有所体现，便可以参考此种起名方法。

以上就是多孩家庭可以使用的起名方法，这些名字或成双成对、或紧密相依，寓意都是希望孩子们互帮互助、感情深厚，能够在人生之途相互扶持，成为互相的依靠。

12 小名与乳名的构思方法

小名，是指人在幼儿时期所用的名字，具有阶段性、范围性的特点，只在家庭和亲朋好友之间使用。

如果按照成长时期严格区分的话，刚出生的为婴儿，处于哺乳期，所以这个时候的非正式名字就是"乳名"，也可以叫作"奶名"。在婴儿断奶后即进入幼龄期，这个时期的非正式名字为"幼名"。很多人在生下来之后得到"乳名"，到了入学或者成人之前，没有再起"幼名"，一直沿用乳名，于是人们就不再细致区分这几种名字了，因此小名还可以称为"乳名""奶名""幼名"等。

在秦汉以后，士族阶层讳其小名，认为小名不登大雅之堂，唯恐贻笑大方。但古人立正名而小名不废（只是使用范围缩小了），而有的人入学、成人后，还一直使用小名，后来就演变为"学名""大名"。[1] 例如，孔子父子都是以小名为大名，汉武帝的皇后小名阿娇，光武帝小名秀，一直都在沿用。

不过，绝大多数人的小名由于种种原因，长大后便不再使用，

---

1. 阎泽川. 中国人的小名 [N]. 浙江工人日报，2018-05-19（3）.

比如小时候叫起来有趣，但是相对幼稚，不再适合成人；或者有些小名比较丑俗，直接称呼会显得不太尊敬等。

当今社会，小名更多表达着家人对孩子的宠爱，不像大名那么讲究，因此可拓展的思路范围也更广泛，下文结合从古到今的小名发展与变化过程，给出适用于当下起小名的思路，可供借鉴使用。

古人的小名

1.— 图腾崇拜

图腾崇拜在起名字上占据很重要的地位。《陔馀丛考》《思益堂日札》等史书载有各个朝代以动物取小名的文臣武将：虺、史狗、史鱼、伯蚕（毒虫）、堵狗、司马狗、狗儿、猪儿、石狗儿、石抹狗狗、纥石烈猪狗、虎儿、阿龙、驴、黑驴、羊……虽然这类小名并非个个都体现着先民的图腾崇拜心理，但可以将其视为原始图腾崇拜现象的表征。

2.— 隐秘丑化

随着社会阶级分化，等级尊卑秩序与贵贱观念日益固化，正名与字、号有了很多避讳。周代时，"五法六忌"是非常典型的起名原则，并且在相当程度上影响了后世的小名命名。

"五法"指的是起名需要遵循的五条原则。

"以名生为信"：按婴儿出生时的生理特征来命名；

"以德命为义"：从"德"的期望来命名；

"以类命为象"：按相貌等身体特征来命名；

"取于物为假"：用器物作为婴儿名字的根据；

"取于父为类"：以婴儿与父亲的相似处命名。

与"五法"相对，"六忌"是起名应该注意的六条禁忌：不以国、不以官、不以山川、不以隐疾、不以牲畜、不以器币。这种禁忌带来的反作用是：小名反而不避讳"六忌"，取意隐秘而卑微，希望一切危险都不会靠近，因此我们便能看到很多"丑化"的小名。

猪、驴、狗是常见的，并且这还不够，《北梦琐言》中有叫卵齐、蟊蛆、牛屎等名的。除此之外，还有"奴"类的小名，比如辛弃疾的"斜阳草树，寻常巷陌，人道寄奴曾住"中所写的"寄奴"，便是宋武帝刘裕的小名，其中也有丑化人物以求平安之意。还有西晋文学家石崇小名"齐奴"，东晋书法家王献之小名"官奴"。

除了丑化，以物为小名的方式也很多见。如东晋画家顾恺之小名"虎头"，晋代田园诗人陶渊明小名"溪狗"，汉赋大家司马相如小名"犬子"，北宋文学家、思想家、政治家王安石小名"獾郎"等。

再者便是男起女名，这不仅是一个很好的障眼法，也是自贬身份的手段（因为古时女性地位低下）。清代赵翼的《陔馀丛考》卷四十二载有"男人女名"之数例："古有男人而女名者……鲁隐公名息姑，《春秋传》有石曼姑，《孟子》所称冯妇，《庄子》所称偶女高，《战国策》所称女阿。"

3. "阿"字、"儿"字

古人起小名的时候也会用到带有宠溺感的字眼，比如说"儿"。

南朝诗人谢灵运的小名，听起来让人觉得非常舒服，叫作"客儿"。据说因为谢家子嗣单薄，谢灵运的母亲好不容易才生下他，担心谢家影响他的成长，所以在他刚出生的时候把他送到别的地方去了。还有梁武帝萧衍，小名"练儿"；宋文帝刘义隆，小名"车儿"。

再如"阿"字，馆陶公主刘嫖的女儿，小名叫阿娇，也是成语"金屋藏娇"中的阿娇；刘禅的小名"阿斗"；书法家王询的小名叫"阿苽"，所谓"苽"其实就是茭白，起这个小名也是希望健康成长的意思。

小名带有"阿"字、"儿"字，名字整体会更柔和一些，能够体现出家人对于孩子的宠爱。

小名的特点

1.— 地方特色

在不同地区，小名有着不同的特色，受当地的风俗习惯和地方特色影响，如北京地区的人喜欢在小名中用"小"字，后面加"子"字或发音儿化，像"小虎子""小豆子""小子"。岭南一带的人起小名喜欢用"阿"字起头，一般后面只用一个字，如"阿曼""阿航""阿菁"之类的。

2.— 时代影响

不同时期的小名有着不一样的特点。

从 20 世纪 50 年代来说，很多人的小名还是相对"丑化"的，比如狗蛋、拴柱、小呆子；到了 20 世纪六七十年代，人们的小名和国家大事联系在了一起，比如国强、联营、建军等；当然也有一些小名，是根据时令、家中排行和小事来取的，比如"新宅"，这个小名就是孩子出生的时候，家中刚刚建好了房子。

到了 20 世纪八九十年代，就出现了很多叠音小名，亮亮、萌萌、心心之类的，绝大部分是简单好记的名字，朗朗上口，或者是用大名里面的字直接叠字作小名。

3.— 名字寓意

从寓意角度来说，小名代表了家人的宠爱和期望，比如希望孩子健康、平安、学习好，或是为了一些特殊的纪念或宝宝个人的特点，比如聪明机灵可爱、纪念祖辈等。

比如满满，"满"在《说文》中解释为"满，盈溢也"，有全部充实的意思。作为小名，寓意着父母对宝宝满满的祝福和期待，同时也希望宝宝有着满满的幸运。

再如畅儿，"畅"的本义是畅通、无阻碍，作为小名时表示父母希望宝宝的人生道路可以一路畅通，同时寓意宝宝非常幸运，四通八达皆是我道，一切顺畅无阻。

小名的起名方法

小名的起名方法有哪些呢？我根据小名的形式和寓意分为以下几类，当然，方法并不局限于此，希望能够给大家以参考。

1. 叠字叠音

利用叠词起小名是一种很常见的起名方法，同类型的还有叠音不叠字的名字，因为双声叠韵，发音简单，读起来非常顺口，也显得活泼可爱。

因为此种起名方法常见，因此起叠字、叠音的小名时，可以选择不太常用在名中的字或者读音，比如，绵绵，连续不断的样子，作为小名，有一种长远的感觉，寓意宝宝有恒心、有毅力；笙声，字面意思来看是"笙"之声，但是能够给人很好的想象空间。

叠字名

橙橙、贺贺、茉茉、淙淙、禾禾。
柚柚、恬恬、颜颜、夏夏、叮叮。
念念、泡泡、妙妙、沁沁、茵茵。
筱筱、浅浅、茗茗、霖霖、皓皓。
荞荞、筝筝、想想、仔仔、罗罗。
呦呦、展展、深深、晞晞、蓁蓁。

叠音名

穗岁、菀晚、菲霏、栀之、倾轻。
书舒、今衿、又柚、茗明、序煦。
湛战、霄潇、祺齐、卓濯、蛋旦。
冬咚、瞳同、辉晖、玮炜、元圆。
晟盛、芃朋、凯恺、迪笛、微薇。
苏酥、棠糖、落洛、乔桥、灵泠。

2.— 大名相关

从意义上来说,每个大名都是家长费尽心力给宝宝定下的,一般都会寄予一定的意义和期望,宝宝上学以后自然也都会使用大名。因此,小名可以根据大名来起,更为简单,且让孩子和名字有更强的连接。

此种方法几乎适合所有姓名,有三种方法可以参考。

一是从大名中取合适的一个字,起叠字或者叠音小名。比如,大名顾知言,小名可以起知知、言言。

二是从大名中任选一字,起同音的小名。比如,大名顾知言,小名可以起"知"字同音的小荔枝、小栀子等,整体给人一种甜美可爱的感觉,同时又与大名相关。

三是将大名中的字变形起小名。比如夏惊秋,选其中的秋字,起名"啾啾"。大名惊艳别致,小名可爱活泼,能够突出宝宝爱说爱动的特点。

小名参考:

江清麦:麦芽、清清、小麦苗。

李溪月:小月亮、月牙、沐恩(moon)。

宋锦澄:橙子、锦锦、小乐橙。

沈安朵:安安、咪朵、朵朵。

刘希瑶:喜宝、乐瑶、希希(Cici)。

蒋晚宁:晚晚、小柠檬、宁豆。

柳云祺:七七、云朵、柳柳。

于景禾:禾苗、小鱼儿、禾娜。

3. 食物、水果

小名，最重要的就是简单好记，于是近年来有很多食物、水果类的小名。明星们也不例外，比如刘畊宏的女儿小名是小泡芙，杨幂女儿的小名是小糯米，郑恺的女儿小酸奶，德云社相声演员烧饼的儿子，小名叫烧麦、饼干。

此类小名可以根据自己喜欢的食物或者食物给人的感觉来起，比如豆包，给人白白胖胖、软软糯糯、甜甜的感觉，如果宝宝皮肤白、胖乎乎又很爱笑，这个小名就很形象、生动了。

小名参考：

麦芽：充满生命力，寓意着生机、活力、希望。

大福：寓意福气满满，性格开朗，人见人爱。

柠檬：柠檬是比较酸的水果，让孩子有一种小清新、清爽的感觉。

葡萄：葡萄精灵，灵动活泼的样子，很是讨人喜欢。

汤圆、可乐、山竹、麻薯、苹果。

红豆、荔枝、石榴、糖糕、花生。

豆子、西瓜、橘子、椰果、布丁。

团子、小笼包、可可球、小米粒。

豆芽芽、小樱桃、黑莓、小柠檬。

西柚、小桂圆、大栗子、小蜜枣。

食物、水果的种类很多，不一一列举，领会方法即可，相信你能选出一个适合的食物或者水果来当小名。

4. — "小"字、"儿"字

"小"字、"儿"字，这两个字常见于小名当中。

小字用在名字中，给人一种活泼可爱的感觉，比如大名为章明月，小名可以为小月牙，叫这个名字，让人一下子就联想到了弯弯的月牙，别致脱俗。"儿"字用在小名中，温和灵动，比较适合女孩子，或者部分使用儿化音的地区，比如大名为章明月，小名可以起月儿，这样的小名简单且上口。

"小"字的小名

小麦兜、小糯米、小菁豆、小鱼儿、小笼包。
小棉袄、小汤圆、小元宝、小酸奶、小精灵。
小淘气、小贝壳、小云朵、小薯条、小叮当。
小葫芦、小甜心、小月亮、小海豚、小耳朵。
小番茄、小西米、小奶糖、小桃子、小薄荷。
小柚子、小海豚、小米果、小月芽、小年糕。
小奶酪、小栗子、小饭团、小流星、小西瓜。

"儿"字的小名

诺儿、瀚儿、笑儿、捷儿、酥儿。
泽儿、朝儿、凯儿、峥儿、澄儿。
迅儿、正儿、勋儿、圣儿、厉儿。
黛儿、姿儿、莎儿、伊儿、甯儿。
丝儿、雅儿、鹿儿、乔儿、棉儿。
曦儿、茜儿、图儿、纯儿、苗儿。

5. 动物、生肖

生肖属相

小名还可以根据生肖属相来起。

方法就是选择与生肖相关的字词，寄予对孩子的美好期望，比如孩子属马，可以起小名为"骏骏"或者"小奔驰"，寓意孩子能够像马儿一样充满活力、纵横驰骋。

孩子属猴，可以起小名为"小机灵""蕉蕉"，猴子爱吃香蕉，且聪明懂得利用工具，起这类小名，与孩子的属相高度相关，寓意孩子衣食无忧，机灵聪明，给人一种活泼又灵动的感觉。

小名参考：

鼠：洞洞、米粒、米果、米乐、溜溜。

牛：犇犇、顶顶、默默、妞妞、牛油果。

虎：啸啸、闹闹、肉包、小王子、瑞瑞。

兔：蹦蹦、小耳朵、跳跳、白白、奶糖。

龙：麟儿、小祥瑞、喷喷、闪电、云雾。

蛇：素素、灵灵、小圆圈、盘盘、卷卷。

马：奔奔、飞马、小木马、腾腾、奔驰。

羊：咩咩、青团、诺诺、小脆角、洋洋。

猴：果果、大圣、小精灵、花果山、蕉蕉。

鸡：米朵、豆芽、小谷、小闹钟、蛋仔。

狗：旺仔、小乖、萌萌、小安家、gogo。

猪：多肉、兜兜、眠眠、小尾巴、小吃货。

其他动物

除了生肖属相这类动物以外，还可以根据其他动物给宝宝取小名，比如林心如霍建华的女儿小海豚、钟丽缇的女儿考拉、胡可沙溢的儿子小鱼儿，都让小名饱含着自然生命力的美好意象。

不同动物有着不同的特点，此种起名方式可以结合宝宝的性格特点来。比如宝宝性格乖巧、黏人，可以取小名为奶喵，强化了宝宝的纯真感和柔软气质。或者孩子的声音非常清脆响亮，也可以取小名为云雀，云雀羽毛轻盈，叫声清脆，象征自由灵动，清新又有活力。采用这类小名，与宝宝的性格特点相呼应，会更具专属之感。

小名参考：

白鸽、莺儿、杜鹃、飞鱼、小袋鼠。

考拉、企鹅、斑马、海豚、小灵猫。

海马、孔雀、小海鸥、海葵、云雀。

骆驼、小松鼠、蝴蝶、锦鲤、犀牛。

无尾熊、长颈鹿、比目鱼、啄木鸟。

树袋熊、萤火虫、小蚯蚓、北极熊。

6.— 母亲姓氏

起名的时候参考母亲姓氏，这是一个不错的父母展示恩爱的起名方式，不过起小名，这种方法还是不太常用的，所以如果母亲的姓氏能有文章可做，不妨用她的姓氏，给孩子起一个特别的小名，也是父母给孩子最佳的礼物之一，可爱又很有意义。

比如妈妈姓"陶"，可以根据"陶"这个字，找合适的谐音字，给宝宝起小名为桃乐丝、小桃喜；或者妈妈姓"刘"，可以根据姓氏"刘"这个字，给宝宝起小名为小石榴、六六。

姓氏及小名参考：

曹——小草莓　　　　葛——小白鸽

凌——小铃铛　　　　樊——繁星

任——小杏仁　　　　裴——小培根

滕——小花藤　　　　蔡——菜菜子

杨——暖羊羊　　　　陆——小露珠

穆——小慕斯　　　　白——白云朵

倪——米妮Minnie　　龚——恭喜

纪——小积木　　　　雷——花蕾

冯——小蜜蜂　　　　岳——小月亮

佟——童心　　　　　林——小麒麟

薛——雪花　　　　　梁——小粮仓

胡——小胡桃　　　　何——薄荷糖

袁——金元宝　　　　范——小饭团

石——小石头　　　　岳——月亮

马——小麻薯　　　　高——小年糕

7. 期许、希望

父母都想把最好的东西给到孩子，因此也会在孩子的名字中，寄托一些美好的期望，不过大名用字有限，想要的好寓意很多，该怎么办呢？这时就可以考虑孩子的小名。

比如，大名叫陈亦安，饱含了希望宝宝健康成长、坚毅稳重的期待，如果还希望宝宝聪明智慧，则可以考虑相应寓意的小名，比如起名为睿睿。"睿"字代表通达、明智，用在名字里象征一个人睿智聪慧，以此作为小名，可以补充大名中没有的寓意。

平安健康

| 小葵 |

向日葵象征着无限的活力和生机，像是一个光明使者，带来无尽的快乐和幸福。搭配"小"字，使得整个名字更加灵动，寓意性格开朗，也寄托了父母对孩子的美好祝愿，祝愿平安健康。

| 安安 |

简单直白，寄托了父母对孩子的美好祝愿，希望孩子能够平安幸福、生活安宁。

| 苹果 |

苹果的"苹"字与平安的"平"字同音，苹果作为小名，寓意宝宝平安健康，像苹果一样圆滚滚的可爱活泼。

| 久久 |

"久"字代表持久、长久，作为小名，寓意孩子拥有长久的平安健康，无病无疾。

| 安吉拉 |

游戏中的人物，给宝宝起这个小名，别致洋气，"安"字体现了平安健康，"吉"字又带有吉祥美好的感觉。同时英文名为Angela，天使的意思，象征宝宝是上天给父母的礼物，是一个很有特色的小名。

同类小名：

安宁、长乐、康康、阿泰、平平。
嘉和、六六、舒克、安迪、稳稳。

快乐好运

| 乐福 |

这个名字的谐音是"笑"的英文 laugh，寓意非常直接，希望孩子能够快乐成长，有福气，拥有一个幸福快乐的童年和未来。

| 笑颜 |

笑脸、笑容的意思，作为小名，寓意孩子一生快乐、无忧无虑，让人一读就想到宝宝的笑脸，非常美好。

| 喜羊羊 |

谐音"喜洋洋"，给人一种喜气洋洋的感觉，寓意吉庆美好，同时和动画片中的形象同名，活泼可爱，非常适合当作小孩子的小名。

| 小金鱼 |

象征着拥有无限的好运与福气，也希望孩子像金鱼一样无忧无虑，年年有余，金玉满堂。

| 够够 |

这个小名新颖别致，"够"字代表足够、满足，用在名字中象征一切都是充足的、无须担忧；同时此字也是个动词，"够够"，给人一种积极向上的感觉，读起来也非常好听。

同类小名：

乐喜、小愉、闹闹、养乐多、福宝。
可心、顺顺、小无忧、畅儿、七喜。

有所成就

｜盼达｜

从字面意思来说，寓意期盼、发达，作为小名象征孩子能够给家庭带来希望，未来事业发达，一切顺利。同时谐音是熊猫的英文 panda，一听此名，憨态可掬、圆滚滚的形象便出现在人们的脑海中，别致美好。

｜小竹笋｜

竹笋，有一种破土而出的感觉，具有极强的生命力，作为小名，寓意孩子乐观积极，能够不停生长、不停进步。

｜赛赛｜

赛，比赛、竞赛，用在名字中很有男子气，寓意勇敢上进、积极进取，能够超越他人，成就不凡。

｜苒苒｜

形容草茂盛的样子，给人一种阳光乐观、昂扬向上的感觉，作为小名，寓意孩子能够在工作中步步高升。

｜澄果｜

"澄"，给人干净澄澈的感觉，结合"果"字，整体可爱活泼，谐音"成果"，寓意孩子在人生之途硕果累累。

同类小名：

钱多多、金豆、小卓越、捷然、凯旋。

笔笔、明晞、翰翰、小博士、勋宝。

8.— 四季时令

一年有四季之分，孩子们生于不同的季节，也可以结合季节时令来起名，四季相关的名字不仅具有生动的意象和美好的寓意，还能让孩子感受到自然之美和生命的力量，和自己的出生时间相关联，具有很好的纪念意义。

其实前人也会这样起名，比如纳兰性德出生于冬季，乳名为"冬郎"。又如我之前给一位宝宝起的小名是"秋果"，因为宝宝生在秋天，是个收获的季节，象征宝宝的人生也能如名字一样，硕果累累。

不同的季节和时令总有不同的事物和特点，因此不只季节可以用来起小名，当季的特色也可以。比如宝宝生在夏天，不想直接以"夏天"为小名，则可以考虑夏天的特点，比如炎热的天气，可以取小名为"炎炎"；比如晴朗的天空、一团一团的白云，可以起小名为"小云朵"；比如夏天瓜果遍地，可以起小名为"大西瓜"。

以下是我根据四季时令和特点来推荐的相应的小名。

春

春天，天气变暖，草木萌芽，花朵盛开，清风徐徐，万物复苏，一派生机勃勃的景象。这个时候出生的宝宝，起小名可以取意温暖美好、轻盈灵动、具有生命力。

| 芽儿 |

芽，本义是新长出来的植物的幼体，又称嫩芽，用在名字里有生机勃勃、破茧成蝶、势如破竹的寓意。

| 初初 |

初字本意代表了刚开始的意思，初初用来给小孩起小名，寓意着犹如生命最初的样子，好像春天一样，万物复苏，初露头角，一切刚刚开始。

同类小名：

萌芽、叶子、苒苒、小春卷、沐果。

鸢儿、筝筝、小四月、沐风、醒醒。

夏

夏天是一个生机盎然的季节，万事万物欣欣向荣，此时天气炎热，骄阳似火，偶然有狂风暴雨；四处充满绿意，花朵繁盛、瓜果众多。这个季节出生的宝宝，取小名可以积极向上、阳光热烈。

| 燃燃 |

这个小名寓意火热、充满活力，像一团燃烧的火焰般热情洋溢，让人感到无限的生命力和希望。

| 冰荷 |

最能代表夏天的植物，恐怕就是荷花了，"接天莲叶无穷碧，映日荷花别样红"。以"荷"为名，能够突出夏天的特点，搭配一个"冰"字，便又显得清新自然了很多，给人凉爽美好之感。

同类小名：

夏天、可可、小薄荷、夏沫、灿灿。

荷月、沁儿、蝉蝉、小西瓜、冰激凌。

秋

秋天是一个美好的季节，象征着成熟与收获。秋天色彩丰富，偶有树叶飘落，秋风阵阵，清爽干燥。这个季节出生的宝宝，取小名可以参考丰收、喜悦、谷物果实等方面。

麦穗

麦穗成熟，代表着秋收的喜悦，希望孩子懂得珍惜粮食，也能懂得像一株成熟的麦穗一样，有着谦虚的心态。

小露珠

秋天的清晨，树叶草木上沾着晶莹美丽的新鲜露珠，作为小名，寓意孩子像露水一样纯洁，有着晶莹剔透的心。

同类小名：

小木槿、秋秋、穗子、落落、秋葵。

粮粮、橙果、栗子、秋风、小黄豆。

冬

冬季是一年中的最后一个季节，给人白雪皑皑、洁白美好的印象，冬季有冷风有暖阳，更有傲雪的梅花、晶莹的冰。这个季节出生的宝宝，起小名可以取意纯洁干净、雅致凛冽。

小雪花

雪花是冬季独有的自然景象，清纯洁白是它给众人的印象，作为小名，希望孩子也能如雪花一般纯洁、清冷，不受世俗的沾染。

饺饺

饺子是北方冬季的主食之一，有御寒"娇耳"的典故，作为小名，希望孩子一生衣食无忧，像小饺子一样饱满、可爱，是一个具有地域特色的名字。

同类小名：

冬果、雪儿、小冰球、冬瓜、糖栗子。

小麋鹿、小梅朵、冰月、咚咚、冬枣。

9. 其他方式

前面已经介绍了很多起小名的方法，但其实现实生活中还有很多其他的起名方式，比如出自诗词典故、父母的纪念日、宝宝自身的特点、父母职业等。近年来，孩子的小名越来越"热闹"，越来越不同，大家都希望自己给宝宝起的小名新奇有趣，创意十足，能够与他人区分开来。

出自诗词典故

不仅大名可以出自诗词典故，小名也是可以的，尤其一些双声叠韵的诗词，能够起出很多叠字、叠音的小名，比如王维的《青溪》："漾漾泛菱荇，澄澄映葭苇"，可以起小名"漾漾"或者"澄澄"，尤其适合有两个孩子的家庭，寓意孩子们心境澄明、如水温柔。另外就是根据对诗人或者词作的喜好来起，比如喜欢苏轼的"会挽雕弓如满月，西北望，射天狼"，便可以从这句诗词中起小名"挽月"，读音上适合作为女孩子的小名，但是十分大气，代表心胸开阔，志向远大，能力出众，在人生中和事业上有自己的成就。

以下我将推荐一些出自诗词典故的备选小名，以供参考。

| 泠泠 |

出自刘长卿《听弹琴》："泠泠七弦上，静听松风寒。"

"泠泠"在原诗中是形容琴声清越，给人洁白、清冷的感觉，适合作为女孩的小名，高雅美好，也是一个具有文化底蕴的小名。

| 阿照 |

出自王维《竹里馆》："深林人不知，明月来相照。"

明月皎洁，照耀着茂密的树林，寥寥几字就展现出一种充满禅意的幽静环境。"照"字既有照顾、照料之意，也有照耀、照射之意，寓意孩子贴心懂事，给人闪耀的感觉。

| 星阑 |

出自谢灵运《夜发石关亭》："鸟归息舟楫，星阑命行役。"

星阑，指夜将尽，很适合出生在夜尽天将明的宝宝，作为小名，寓意光明将现，一切都充满阳光和希望。

| 阿黛 |

出自汪铿《题画》："峦光如结黛，水流如喷玉。"

"黛"是古代女子画眉所用的青黑色颜料，用在名字中温婉美好，寓意女孩子才情卓越，优雅美丽。

其他方面

有创意的起名方式还有很多，比如用语气词起小名，就像霍思燕、杜江的儿子，小名叫嗯哼。吴尊女儿小名叫 NEINEI，因为她喜欢喝奶。还有刘欢女儿小名丝丝，来自"一丝不挂"，原是佛家用语，这种境界是佛教禅宗常用的修行状态，也是一种极高超的精神状态。

小名参考：

性格特点：淘淘、闹闹、静静、小调皮、甜甜、糯糯。

父母相识地：川川、京A、澳果、小苏打、舟舟。

心情类：哈哈、高兴、小惊喜、美美、幸福、欣喜。

外貌类：大眼仔、小酒窝、长腿妹、嘟嘟、俏妞、小王子。

双胞胎：心心&念念、嘻嘻&哈哈、叮叮&铛铛、小年&小鱼。

父母职业：小音符、糕糕、算算、讲讲、小数、逗号。

语气词：咕嘟、咻咻、哒哒、哐当、乒乒、呼呼、砰砰。

其他：想想、小元宝、枕头包、瑞琦、塔塔、阿婵。

名之讲究

好名字的意境雅趣和避讳禁忌

13 —— 姓、名、字、号的联系与区别

名与字,虽然当下不作分别,但在古代,名与字其实有明确的分别,而姓、号,更是与名、字大不相同。

每每看到古人名与字的巧妙搭配,总忍不住细细琢磨一番。如唐寅,字伯虎,寅为十二地支之一,对应的生肖即是虎;如陆羽,字鸿渐,取自《周易》"鸿渐于陆,其羽可用为仪",不仅是名和字有呼应,甚至连姓氏都关联在其中了,可谓巧妙至极。

名与字一般是尊亲、师长所取,而号则是自己所取,是个人情趣意志的表达,如陆游号"放翁",欧阳修号"醉翁",杜甫号"少陵野老",陶渊明号"五柳先生",都是十分有个人特色的自号。

当下,我们对于名字虽已不再有这么细致的划分,但古代对于姓、名、字、号的命名思路,仍然对我们的起名思路有很多借鉴价值。

姓

1.— 姓的定义

"姓"的本义为标志家族系统的字。现在我们经常把姓和氏一起说,叫姓氏。

姓和氏其实有根本的区别,姓起源于母系社会,而氏起源于父系社会,因为当时宗族越发展越大,相同姓的宗族衍生出了很多新的分支,为了加以区分,于是便有了氏,也就是这个小分支的族里专用的符号。

在秦汉之后,姓氏开始逐渐统一,成为姓或者姓氏。在《说文解字》中,姓被说明为一个会意兼形声字。根据甲骨文的形态,可以看到它由"女"(表示母系社会)和"生"组成,其中"生"兼具表意和声音的作用。[1]

《说文解字·女部》:"姓,人所生也。古之神圣母,感天而生子,故称天子。"意思是说,姓,是人出生的那个家族的姓氏。古代的神、圣的母亲,由于上天的感动而生下了子女,所以叫作"天子"。《春秋传》曰:"天子因生以赐姓。"意思是说,天子根据出生的由来而赐给诸侯姓氏。

2.— 姓氏来源

关于姓氏的来源纷繁复杂,众说纷纭,我阅读了大量资料,

---

1. 冯慧娟.姓氏[M].沈阳:辽宁美术出版社,2017.

总结发现其基本上可以归纳为五种[1]。

部落图腾

汉字形成初期是以图像的形式来表达的，例如鱼就是画一条简单的鱼，鸟就是画一只简单的鸟。在远古时期，人们认为自己的祖先与动物或者植物有着非常深奥的关系，所以以动植物的样子来代表自己的宗族，表示对祖先的一种敬畏与崇拜。例如《史记》中说，"天命玄鸟，降而生商"，玄鸟就是商朝的图腾。

随着图腾的演化，逐渐成为文字，也就是最原始的姓。

母系社会

姓产生于原始社会母系氏族公社时期，当时社会是以母亲为中心。所以当时同一个部落的成员，都是随母姓，我们研究早期历史也可以发现，中国很早的姓都带女字旁，例如姜、姬、姚等。

地域划分

以国为姓、封邑为姓、任职为姓。例如曹、齐、孙、襄、燕、赵、翁、屈、毛、栾、史、司徒、上官等。

纪念祖先

比如以祖先的族号、祖先的名、祖先的字、祖先的号、祖先的封爵为姓氏。

例如，虞姓是舜的后裔，禹姓是大禹的后人，甲姓则为商王

---

1. 冯慧娟. 姓氏[M]. 沈阳：辽宁美术出版社，2017.

太甲的后人，这就是以祖先的名为姓氏。公、侯、公孙，都是祖先的封爵。

其他姓氏

除了以上提到的姓氏，还有一些在历史发展过程中，逐渐变化的姓氏。例如为国家取得了一些重大成绩，被皇帝赐姓；或者为了避讳皇帝的姓氏而改姓；或者需要躲避迫害，从而更名改姓；或者朝代灭亡，民族改姓等。

3.— 姓的数量

《中国信息报》2022 年 11 月 11 日登载了文章《"百家姓"人口占全国人口比重达 84.55%》，并发布了基于第七次全国人口普查数据的"百家姓"排名。

数据显示，我国常住人口（以下简称全国人口）中在用的姓氏逾 6000 个。其中，2 个姓氏人口规模超过 1 亿，23 个姓氏在 1000 万以上，171 个姓氏在 100 万以上。同时，有逾 5000 个姓氏人口规模相对较小，不足 1 万人。

"百家姓"人口总规模 119366.09 万人，占全国人口比重达到 84.55%。其中，王姓人口规模位列全国第一，占比为 7.21%；李姓次之，占比为 7.18%；张姓位列第三，占比为 6.78%……排名前 5 位姓氏的人口数之和占全国人口比重超过三成；排名前 16 位姓氏的人口数之和超过全国人口的半数；排名前 48 位姓氏的人口数之和占全国人口比重超过七成；排名前 78 位姓氏的人口数之和占全国人口比重达到八成……

4.— 姓的时代特点

从古至今，姓氏一直具有流传性。

起初，人们通过姓来统称自己的祖先和家族，后来发展为有氏、姓氏一体不再分家的形式，这表明了姓在广义上的持续传承。清初学者顾炎武曾说："男子称氏，女子称姓，氏一再传而可变，姓千万年而不变。"[1] 这一观点进一步强调了姓的持久性和传承性。

如果我们以当前存在的姓氏为例，如全国大姓王姓，一说其主要起源可以追溯到周朝的姬姓，而东周时期的姬晋被奉为王姓的始祖。虽然在演变过程中可能发生了变化，但这个姓氏的传承从未中断。这个例子表明，尽管姓氏可能经历了演变和变化，但其血脉和传承却一直延续至今。

每个姓氏都有其独特的起源故事和传承文化，这不仅是人们身份认同的一部分，也是家族和社会联系的纽带。姓氏的持续流传让我们能够追溯和了解自己的家族历史，感受到身份认同的归属感，并与其他同姓的人建立起群体意识和联系。

名

1.— 名的定义

姓作为家族的统一标识，而名则是每一个体的代号。

古代的命名方式并不是在出生之时就确定的。《太子御览》有：

---

1. 顾炎武. 顾亭林诗文集 [M]. 北京：中华书局，1983.

"故《礼》侍曰：子生三月，则父名之。"这意味着孩子出生后的三个月由父亲来为其取名，体现了家族中长辈对孩子的关心和选择名字的重要性。

到了现代社会，起名的方式不再拘泥于传统。有些家庭在孩子还未出生之前就会为他起好名字，通常是根据名字的寓意来表达对孩子的美好祝愿和期望。

起名不仅仅是一种命名行为，更是家庭文化的传承和表达。通过起名，家庭将自己的价值观和信念传递给下一代，同时也强化了家庭成员之间的情感纽带。无论是传统的寓意起名还是八字起名，起名的过程都体现了人们对孩子的关爱和期待，为其人生注入了独特的意义和力量。

2. 名的时代特点

名，具备时代性。

从古到今，随着文化的影响、个人意识的觉醒，名开始有了不同时代的发展。例如在古代，只能父母、长辈叫名；平辈与晚辈叫自己的名字，被称作"直呼其名"，是一种不尊重与不礼貌。

而现在，名是可以被平辈和晚辈称呼的，已经不再有这么强的文化冲突。需要注意的是，传统文化的影响还是在的。例如在我国大部分地区，晚辈不能直接称呼长辈的名，而是直接叫辈分，例如叔叔、大伯、二伯、大娘等。这体现了传统文化中对长辈的尊敬和尊称的重视。

随着社会和文化的多元化发展，人们对名字的使用方式逐渐趋于灵活和多样化。在现代社会，人们更加注重个体的自由和平等，名字不再仅仅是家族的象征，更多是个人身份和独特性的体现。因此，名字的选择和使用已经不再受到世俗礼仪的限制，人们更加注重个人的意愿和喜好。

字

1.— 字的定义

《礼记》说："男子二十，冠而字""女子许嫁，笄而字"。男人20岁了，已经可以建功立业保家卫国，成为有担当有责任的人，所以可以冠字，女人出嫁的时候，也要命字。起字的目的是让人尊重他，供他人称呼。

字往往是对名的一种补充和解释，与名互为表里。古代行冠礼之前，要通过蓍草茎占筮来决定行礼日期，还要有一位为冠者加冠的贵宾。已经加冠之后，贵宾就郑重地给他拟一个表字，幼年称名，成年称表字，这是对待成人的道理。[1]

2.— 古代命字的依据

字和名一样讲究，古代命字也有一定的依据。

第一，与名意思相近。屈原名平字原，《尔雅·释地》："广平曰原。" 班固，字孟坚，固与坚同义。东晋诗人陶渊明，字元亮，明与亮同义。宋代诗人陆游，字务观，游与观字义相近。名和字的

---

1. 王文锦．礼记译解[M]．北京：中华书局，2016．

意思是比较相近的，体现了字与名的内在关联。[1]

第二，与名意思相反。孔门七十二贤之一的曾点，字皙。《说文解字·黑部》："点，小黑也。"《说文解字·白部》："皙，人色白也。"点、皙意思相反。文学家韩愈，字退之，"愈"有超过的意思，"退"是后退的意思，意思是相反的，展示了字与名的对立关系。[2]南宋词人刘过，字改之，显然取"过而改之"之意。[3]

第三，对名的补充与延伸。苏轼，字子瞻；苏辙，字子由。"轼"为车前的横木，人站在车前可以扶着，"子瞻"，是向前看的意思。"辙"是车轮印，"子由"是按照规矩行走的意思。这些字对名字进行了补充和扩展，丰富了名字的内涵。还有明代散曲家陈铎，字大声。铎是古代乐器，形如铙、钲而有舌，是大铃的一种，击之大声镗鞳。[4]

第四，名与字的字形结构互相关联，将名拆开为二字，巧妙地组成表字。如明代文学家刘侗字同人。清代诗人舒位字立人，清人林佶字吉人。也有的取二字名中的一个字，拆开为字，如毛奇龄，字大可；卢文弨，字召弓。也有的拆姓为"字"，如有一人姓冯，字二马。[5]

除了上述主要的命字原则外，还有一些其他的情况也被归入字的范围。例如，以干支来命字，以排行来命字，或者将字和排行相结合的情况，一定程度上补充了字的意义和特色。

---

1. 王泉根.中国人姓名的奥秘（二）：王泉根教授说名号[M].北京：当代中国出版社，2010.
2. 王文锦.礼记译解[M].北京：中华书局，2016.
3，4，5. 同[1]。

3.— 字的时代特点

字，具备伦理性。

古时由于社会伦理的要求，出现了字这一概念。字作为对名的解释，解决了同辈和晚辈之间如何称呼的问题。按照尊卑和辈分，平辈或晚辈可以使用对方的字来称呼对方，以显示对彼此的尊重和敬意，这种使用字的方式符合当时社会的伦理观念和礼仪规范。

随着时代的发展，名和字逐渐融合成一个词语，即名字。名字不仅仅包含了名的意思，也包括了字的含义和功能。最终名字成为人们在社会中的标识和身份，具有个人特色和独一无二的含义。名字的选择不仅仅是为了区分个体，更是为了表达个人的独特性和价值观，成为个人身份认同和社会交往的重要标志。

号

1.— 号的定义

古代人们除了名和字之外，还有一种称呼方式叫"号"。

《周礼·春官·大祝》"辨六号"注："号为尊其名更为美称焉。"这就是说，号是一个美称或者是赞誉。[1]

号分成两种，一种是别人起的，例如尊号、庙号、年号、谥号。另一种是自己起的，区别于名和字，更能表达自己的自由意志。

---

1. 王泉根.中国人姓名的奥秘（二）：王泉根教授说名号[M].北京：当代中国出版社，2010.

号相比名与字来说，更加自由随意，无论是文雅的、粗犷的、三字的、四字的，都可以用来做号，表达自己的态度，或者代表个人的风格。而且号的数量没有限制，人的一生可以有很多个号。

下文主要讨论的，便是自己起的号，也类似于现今社会的花名。

2. 古代命号依据

古人命号有很多种方式，常见的有以明志向、抒发情操。

比如明朝著名清官海瑞，号刚峰，就是表达自己做官刚正不阿，将大明第一律法牢记心中，秉公办事的处事原则。

同样也是明朝官员，少年天才张居正，号太岳，是他和家人在游历衡山之时，他内心顿悟，明白了朝堂上的种种纷扰，坚定了经世致用的人生信念，所以将自己的号改成了太岳，意思是希望能登高望远，有所作为。

在抒发情操方面，著名田园派诗人陶渊明，自号"五柳先生"。因为他隐退山林后，在自己家旁边种了五棵柳树，过上了悠然自得的田园生活。

著名文学家苏轼，号东坡居士，是因为当年做官被贬黄州，苏轼在居住的地方，自己开垦了十亩田地，并给这块地起名叫"东坡"，自己的号也改成了"东坡居士"。

3. 号的时代特点

号作为一种称呼方式，具有自主性的时代特点。

名和字，都有传统，自己不可随意更改，而号则更为自由，很多古人甚至会有多个号，这种自主性，放到现代社会，即是像我们自己的笔名、花名、网名，可以根据自己的喜好、兴趣或者个性所起。这些名字通常用来在社交网络、虚拟世界或者特定群体中进行身份展示和交流，它们不受传统命名方式的限制，更加灵活多样，可以更好地表达个人的兴趣、特长和个性特点。

　　比如我的花名叫鱼小姐，一方面是我的本名中有 yu 这个音，另一方面是为了增加辨识度，用鱼这个字更加立体，如果在古代，这就算是我的一个号。

　　像著名企业阿里巴巴，人人都有一个花名，例如逍遥子、风清扬等。可以自己选人物或自己命名，选择的人物特点，也可以代表自己的特点。

　　再者在外企，很多中国员工需要一个英文名作为自己的花名。例如 Vicky、Tina、Monica 等，电影《年会不能停》里面的主演大鹏要起一个英文名，叫 Johnny。

　　还有朋友会直接取一个花名，当作真名用，但并不更改自己的身份证名字。

　　比如我有一个朋友叫李小花，这个名字读起来温柔可爱，但她一直不喜欢这个名字，觉得太过随意，和自己的气质不搭。于是在她 30 岁的时候，改了一个花名，叫李睿，意思是充满智慧，这么多年她一直在用，事业也是风生水起，已成了公司的财务总监。

　　所以无论是在古代起号，还是在现代选择花名、网名，这些命名方式，都能够帮助我们更好地表达自己的独特性和个性特点。

14 起名「避雷」、禁忌指南

2018年创业热潮那会儿,有个创业做消费品的朋友跟我说,最近经常要去路演,原名太普通,于是给自己起了个花名,让我给把把关。

他说:"这是一个出自《逍遥游》的名字,'故九万里,则风斯在下矣,而后乃今培风;背负青天而莫之夭阏者,而后乃今将图南'。"

我说:"所以,名字是叫图南?"

他说:"名字叫培风。"

看我面色吃惊、不大理解的样子,他又解释:"培风就是乘风的意思,你看,创业和投资都是要选好赛道、找准风口的,我这名字,就刚好踩在风口上,乘风而上,而且还出自《逍遥游》,有文化吧!"

我说:"文化是有的,但谐音似乎不太好。培风,赔疯,投资人应该会比较介意吧?"

他愣了一下,一时惊叹:"难怪昨天我路演的时候,一个投资人的表情古怪,但他也没直接说呢!"

我说:"大概也是怕你介意,给你留面子吧。"

一个名字的取意包含着文学、俗语、社会学、心理学等方面，若思考得不够全面，起名时就很容易在某些方面有所忽略，起出让人觉得不雅、不舒服、有不好联想的名字。因此，我结合古人提出的起名禁忌与个人经验，对于起名常见误区与"雷区"一一列举，在想好名字之后，可以此文为参考，避开名字的不足之处。

需重点注意的禁忌

1. 注重声韵搭配

作为名字，最重要的功能便是"被称呼"，因此，名字读起来是否流利顺畅便是第一要义。有些名字写在纸面上看起来并无不妥，但读起来总是不顺。如鲁苏语、林令伦、蒋允恺，这几个名字看起来都算雅正，可惜发音困难，十分难读。不难发现，这种拗口的名字就是在音调、声母韵母的搭配上出了问题。

比如鲁苏语，名与姓的韵母完全相同，lu su yu，读时整个口型都要保持一个揪起来的状态，既不响亮也不开阔；林令伦，lin ling lun，口型是打开了，但名与姓的声母完全相同，韵母又非常相似，读起来发音不清，很难读对；蒋允恺，jiang yun kai，名与姓均为上声，想要读清楚，每个字的发音都要很用力，连读困难。

因此，起名"避雷"第一条，起好名字先读一读，声韵搭配避免以下三种情况。

避免双声叠韵

声母相同叫作双声，韵母相同叫作叠韵。名字中相连的两个字不要出现双声叠韵，容易发生读音上的粘连，导致名字发音不清晰、拗口。如苏思松（sū sī sōng）、卢雨竹（lú yǔ zhú）。

避免上声相连

现代汉语有四个音调，阴平、阳平、上声、去声，也就是汉语拼音中所说的一声、二声、三声和四声。名字中应该避免三个字都为三声的情况。

避免相同音调

包含姓氏在内的三字名和四字名需要注意，尽量避免姓名所有字的音调都相同，连读会给人一种平淡、不响亮的感觉，没有起伏和声调变化。单字名可以忽略这点。

2.— 避免不雅谐音

谐音问题多是在与姓氏关联下或在特定圈子里产生的，如上文所说的名字"培风"，若用于航天员，我们大概都会觉得很大气、很合适，但放在投资圈、金融圈，一个"培"的读音就很容易触发人敏感的神经。

注意和姓氏搭配是否有谐音

有些姓氏天然容易产生谐音联想，在起名时就需格外注意，如胡为、胡来。原本干净利落的单字名，搭配胡姓，就有了胡作非为的含义。再如胡思思（胡思乱想）、朱霏霏（猪飞上天）。原本可爱的名字，和姓氏产生了谐音之后，也成为笑话的素材了。

注意在地域、圈子中是否有谐音

我国幅员辽阔，每个地区也有自己的语言文化，因此，生活在哪个区域，也要注意不要让名字踩到地域文化的"雷区"。之前有位朋友给孩子起名叫朱洛儿，原本生活在天津，因为工作，全家搬到杭州。到了杭州之后，就有周围的朋友提醒最好给孩子改个名字，因为杭州话里，洛儿音似"盝(lù)儿"，有"愚蠢、不合时宜"的贬损之意，若长期生活在杭州，恐怕会被取笑。

对于长期生活在同一城市的本地人，地域谐音问题很容易发现，但若对当地文化不够熟悉，起名后还是请当地人帮忙把关为好。

3. 避免消极负面之名

积极的名字能给人激励与力量，而消极的名字则会给人带来负面的心理暗示，尤其作为名字，相当于给人贴上了一个"标签"，这个"标签"就很容易影响他人对名字主人的看法。

例如，在生活中，我们会遇到一些绰号为"马屁精""小气鬼"的人，这些被贴了负面标签的人，无论他们做出怎样的行为，在我们眼里都变成了他"绰号"的证明。"马屁精"给我买了杯咖啡，他一定是有求于我，想拍我马屁；"小气鬼"买打折商品也被认为抠门……原本正常的行为有了绰号的加持都变成了一个人的"罪证"。

结合心理学上所讲的"首因效应"，名字作为我们对他人初次联结的要素之一，如果包含着消极、萎靡、自轻自贱的字样，也会让他人在心中生出一些反感与轻视来。

因此名字的寓意应避免以下五种情况。

避免消极涣散

比如败、衰、蔫、怠、颓、萎、凋、蠢、迂、薄、怏、倦、弱等字。

这类字给人一种情绪低落、精神不振的感觉，让人觉得软弱无能、忧伤悲凉，缺少鼓舞人心、让人奋发向上的积极力量。

避免凶恶狠毒

比如暴、狰、戾、恨、恶、阴、仇、险、毒、狠等字。

此类字包含品性的恶劣、凶狠，用在名字里给人一种暴戾之感，容易让人不舒服，也会让人琢磨起名人的用意，继而敬而远之，影响人际关系。

避免不洁之字

比如肮、浊、脏、邋、渍、秽、暗、遢、龌、污等字。

污秽不洁的字观感不佳，看起来就觉得污浊不堪，容易给人不好的印象。

避免疾病之字

如病、癌、痨、疤、疮、疼、疾、症、痛等字。

疾病之字让人避之不及，用来起名自然也要万分谨慎。

避免丑陋之名

比如，狗蛋、丑怪、黑懒等。

名字追求的是美好、吉祥，虽然自古有给孩子起"贱名""丑名"的习俗，但多是用于小名。且因古代医学水平较低，小孩子的夭折率高，起"贱名""丑名"为的是减少疾病和邪怪入侵，若以此作为大名，则需多加考虑。

看到以上这些"忌讳之字"，一定有人在阅读过程中想到了"辛弃疾、霍去病、杜如晦"这些历史名人的名字，说是禁忌，但人家不是照样"流芳千古"吗？

这里要重点强调的是名字最终呈现出的整体感觉，如"恙"这个字，本义为疾病、祸患，但"吴恙"作为名字，就消除了这种负面感。因此，"规则"有定法，实际应用时还是可以结合自己的巧思灵活转换。

4. 避免狂傲之名

中华民族是一个重"礼"的民族，中华文化最看重的也是"中庸"之道，太过狂傲的名字有缺乏教养的感觉，对人不够尊敬，容易引起他人的反感。当下网络上经常见到一些家长给自己孩子起出诸如王权富贵、王霸天下、吴皇万岁、谢主隆恩这样的名字，虽是"吸睛"，但也不免让人感受到家长的狂傲，不知这些孩子在成长的过程中会受到多少压力和取笑。

我国传统起名文化讲究起小不起大，"木秀于林，风必摧之"，名字要起小一些以免遭人嫉恨，避免用到诸如皇天、朕、万岁、圣人、英雄、天才这样的字词。

现代社会，我们对于名字的包容度更高，也乐于看到他人用名字彰显个性，但狂傲、目中无人一类的名字仍然需要避免，尤其是一旦名字起得太高，而人的能力与现实情况与之不匹配的时候，就会显得"名"高于"实"，让人更加轻视了。

5. 避免过于冷僻

有些人希望自己的名字能够独一无二、与众不同，于是起名时便专门选择那些极少有人使用的生僻字。生僻字入名确实可以降低名字的重名率，但名字的第一要义是被识别和称呼，如果为了追求独特而忽略名字的功能性，日常生活中也会多很多麻烦。

如许烎（yín），"烎"是光明的意思，寓意不错，但因为用字冷僻，多数人都不会读，反而一直被称为"许开火"，多了一个绰号。另外还增加了日常生活中的麻烦，如因"烎"在很多通用系统的输入法中找不到，导致从小到大在办理证件、开户、办卡时都要比别人多个步骤。

此外，起名时异体字和繁体字也需要避开，目前我国香港、澳门、台湾还在使用繁体字，但大陆地区使用的都是简洁汉字，若起繁体字、异体字同样无法登记户口，办理证件。

2013 年 6 月 5 日，国务院发出关于公布《通用规范汉字表》的通知，明确了规范汉字的标准，在第十七条规定了可以保留或使用繁体字、异体字的情形：

（一）文物古迹；（二）姓氏中的异体字；（三）书法、篆刻等艺术作品；（四）题词和招牌的手书字；（五）出版、教学、研究中需要使用的；（六）经国务院有关部门批准的特殊情况。

需酌情考虑的"雷区"

1. 避免过于烦琐

前些年流行一个笑话：当熊懿煊还在写名字的时候，旁边的丁一已经做完三道选择题了。短视频中，也经常能刷到小孩子一边写名字，一边哭着说"名字太难写，我要改名"的画面。

对于小孩子来说，太过烦琐、复杂的名字确实不太友好，尤其是小孩子初学写字时，笔画及字体结构都控制不好，很容易写得太大或写成黑乎乎一团；另外太过烦琐不利于孩子和自己的名字建立好的联结，写着写着就烦躁了，导致对自己的名字非常不喜欢。因此，若是给小孩子起名，或是成人日常有签名、大众传播的需要，的确需要酌情考虑笔画问题。

虽说名字不宜过于烦琐，但很多人由此也走上了另一极端——名字过于简单。近些年，很多人直接取"一一"为名，虽是好读好写，但也未免过于单调，缺乏内涵。若以中庸文化为原则，名字还是以笔画适中、书写有美感为佳。

2. 避免太过庸俗

名字具有一定的文化内涵和审美价值，因此，一个好的名字应该避免太过庸俗。庸俗有两个角度，一是重名率太高，就像前几年大热的"子涵""子轩"，一个班级里都能出现四五个，难以区分；二是名字过于直白和随意，比如"王二女"，王家第二个女儿，显得一点也不重视。

重名率高

重名率高的名字，一方面是时代审美的烙印，比如在中华人民共和国成立前后，大批的爱国、兴国、建国；另一方面就是人们喜欢跟风、追随时尚，如2011年前后，电视剧《步步惊心》当红，就有很多人取剧中主角的同款名字：若曦。一段时间内，若曦、若兮、若汐、若熙等各种同音名字流行一时，导致如今在多数人的印象中，"若曦"变成俗名。要避免起出这样的名字，最重要的一条就是：不要跟风。

尽量不要根据现象级爆红的词、人名和影视作品起名；另外，起名之前可以搜索自己想要采用的字，看看网上是否已经有很多人在使用。

寓意直白

另一个会造成名字庸俗的原因就是：名字的寓意太直白。

名字要有一定的内涵，尤其是新生儿起名，承载了家长很多的期望和祝福，作为一个起名师，我非常认同这一点。

但我们不应一直沿用过去的俗套搭配，提到天空就是蓝色、提到夏天就是骄阳，绝大多数人都能想到，自然会使名字变得俗气。比如围绕财富事业起名：裘富裕、高升、金如山等；或者用字不考究，缺少涵养与美感：谢天地、石头、张心宝等。

这种类型的名字，直白随意，含义没有那么深刻，用字不讲究，给人的第一印象就不太好，作为孩子，可能还会受到其他孩子的嘲笑。

关于起名寓意，古人在起名的时候主要围绕表达志向、道德、祈福、尊古敬宗和延年益寿等五方面的寓意，现代人起名的寓意也基本如此，虽然内核变化不大，但是为了避免庸俗之名，大家在起名的时候，用字还是应该更讲究一些，避开单一且缺乏深意的名字。如果个人喜欢简单的寓意，搭配的字可以多多考量，加工润色一番。

3. 慎重使用多音字

第一次看到搜狐创始人张朝阳这个名字的时候，我纠结了很久，到底应该读 cháo yáng，还是读 zhāo yáng。两种读音似乎都解释得通，寓意也都不错，cháo yáng 是向着太阳的方向，zhāo yáng 是初升的太阳。前者是一种方向和野心的体现，后者象征着光明无限的未来。

我不禁想象，如果在某个会议上，我作为一个小员工需要介绍与会嘉宾，临时拿到名单，看到"张朝阳"这个名字，我一定十分为难，一旦读错，总是尴尬。我想，张朝阳成名以前，这种被读错名字的情况也定不少见，毕竟这两种读音都很合理。

起名字时，多音字使用需慎重，但并非不可用，"朝阳"虽有两种读音，但两种都很好，并无不雅之处，只是让人多了些纠结。同样是用"朝"字起名，像秦朝、唐朝，这样的组合就完全不会让人联想到"zhāo"的发音。因此，多音在使用时最好搭配得当，避免烦恼。

有些家长对多音字十分抵触，一概拒绝。但事实上，常用汉字有 3500 个，其中有 250 多个多音字，若完全拒绝，恐怕也会错过很多好名字，如陶行知，行与知都是多音字，但基于对"知行合一"的认知，我们日常并不会读错这两个字。

因此，多音字并不是起名的禁忌，只是我们在起名时，需要多加考虑的部分。

4. 避免迷信说法

名字用字

在网络发达的时代，各种没有明确出处、未加考证的说法层出不穷，如"枝、梅、霜、雪、月、亭、贞、竹、冰、春、夏、秋、冬等文字，都带有孤霜、凄凉、冷傲的解释，女性朋友的名字出现此类文字，易有克夫、克子、晚年孤独、健康不良等现象，也容易影响婚姻幸福及婚后生活，福禄难全"。

这类话，看起来头头是道，实际却并无根据。

试举一例：

钟离春（战国人），齐无盐邑之女，齐宣王之王后，中国有名的"四大丑女"之一，也是中国历史有载的第一位著名女政治家。钟离春相貌丑陋，但才华出众，素有大志，自荐进入王宫成为齐宣王的王妃，促成齐国大治。

因此，这样无根据的说法是不必参考的，名字与人相互成就，实在无须无端忧虑。

名字打分

在本书开篇，已经详细阐述了关于"名字测试"打分的不合理之处。此处不再加以赘述。

生肖宜忌

网上有大量这样的说法：属鼠的人起名不能用日字旁，因为老鼠不喜欢见到阳光；属牛的人起名不能用心字，心是器官是肉，代表被肉食动物吃掉；属兔的人起名不能用阳或者带日字的，因为兔是月，与日相对……看完之后，是不是觉得似乎有道理，但是又透着点荒谬？

那是因为这种说法很抓人心，而且挑了每个生肖动物的特点，但问题也出在这里：这是生肖动物的特点，而不是人的特点。或许老鼠不喜欢见到阳光，那属鼠的人就也不喜欢见到阳光吗？这两个并不是相同的概念，所以再看到类似的说法，直接忽略即可。

以上就是起名时应该注意的一些方面，主要针对未成年人，其中一些字，搭配得当时可以作为成年人的花名、笔名。但综合来说，好的名字，应该有所期待和祝福，有阳光、积极的力量，符合世俗的审美与当今社会的文化意识。起名字时应该注重名字的寓意、发音等方面，避免使用不吉利、生僻、难读难记的字词，同时也要结合名字主人的个性特点，综合考虑名字的文化内涵、审美价值，让名字既适合名字主人，又符合传统文化和现代社会。

15 ── 给自己改名需要注意什么

都说名字伴随一生，但绝大多数人，一生并不止有一个名字。

名字最初多数源于父母或家中长辈，体现着父母的审美和对子女的期盼。而随着时间的变化，子女成年以后，名字往往不一定符合个人的志趣和当下的主流文化，此时当然可以选择另起一个别名（如笔名、花名），在不改变户籍资料的前提下日常使用。但也有些情况下，名字影响了自己，有着"非改不可"的理由。

成人改名的原因

要改名的成年人，不外乎以下几种原因。

1.— 名字难听，容易被取外号

如章建仁（贱人）、刘爱姿（艾滋）。

这种名字要么不好听，要么就是有奇怪的谐音，在上学的时候被人捉弄取笑，自卑了很久；而步入社会之后，也很难向他人介绍自己的名字，羞于启齿。

2.— 用字土气，年代感强

如翠红、贵才。

此类名字，每次一提到就觉得很尴尬，但是很多场合又用得到，于是一次又一次地尴尬，甚至觉得自己受到不公平的待遇。

3.— 无寓意或者寓意不佳

如待男、刘小五。

名字毫无意义，有些名字甚至跟本人都没什么关系，比如"艳妹"（谐音"厌妹"），这类名字要么期待男孩，要么没有特别的寓意，而是单纯起到一个称呼的作用。

4.— 与自身情况不匹配

如，男生叫李萌，女生叫安强。

此类名字和性别有割裂感，让人很难把名字与人对应起来，影响他人对自己的第一印象，或者被人嘲笑。就像我之前认识的一个朋友，一米八五且很壮的男生，名字叫李萌萌，没见过他的人都觉得是个可可爱爱的萌妹子。

5.— 辨识度低，读音拗口

有些名字，读音没问题，寓意也不俗，但是太难辨认了，人们经常读错，总是闹笑话。比如杨紫原名杨旎奥，这个名字读起来就有些拗口，而且"旎"这个字，对于绝大多数人来说，只有在"旖旎"这个词中才能读出来，所以这个名字不像"杨紫"这样简单顺口，且辨识度不高。

6.— 名字对自身无帮助

还有很多人的名字，都是父母当时随便所起，不符合自己的情况，也不够适合自己。当一个人有了更明确的方向，希望名字能够对自己的发展有所助益，给自己好的暗示与能量时，也适合改名。

其实不光我们普通人改，有些名人的本名已经很好听了，他们还是会为了勉励自己而改名。

著名歌手邓紫棋原名邓诗颖。"邓诗颖"改成"邓紫棋"，名字更为朗朗上口，也更容易被人记住，同时这个"紫"字，很容易让人联想到大红大紫，作为一个歌手、艺人，人气自然是非常重要的。

当然这个是作为艺名使用的，也有很多人是变更自己身份证上的名字。

我曾认识一位女士，名字是全锦梅。在她出生的年代，"梅"字是个相当流行的女孩名，但一般都会搭配冬梅、红梅，家里人给她起了"锦梅"，在周围同学里也算是不俗，但她自己一直非常不喜欢这个名字。据她自述，她一直是一个非常努力的人，但总有一种感觉——每隔一段时间，自己努力的成果就全都没了。她觉得自己的名字像个谶语——全部的锦绣前程都没了，所以越想越觉得非改不可。

后来，经过几次的聊天商议，她决定改名为全知幸。用"幸"字入名，自然是想取其幸福、幸运的含义，对生活有一个美好的期待。但世上毕竟不会有十全十美的事，之前的名字给了自己很多负面的心理暗示，所以总觉得所有问题都是名字带来的。事实上，每个人的身边都有很多幸运和美好，我们要多关注好的一面，取一个"知"字，也代表对身边幸福的感知能力。改完名字之后，她反馈说，感觉自己做事更有章法了，工作上的成绩能够被人看到，自己还是非常有成就感的，我也由衷为她感到开心。

当然，我们并不能说，是因为改名字让她的运势变好了。但改一个自己喜欢的好名字，对自己，何尝不是一个美好的心理暗示呢？

成人改名的步骤

既然有那么多人想要改名、需要改名，那作为成年人，我们要如何改一个适合自己的名字呢？

1. 确定改名方向

如果决定改名，那自然要改成各方面都比较适合自己的名字，其中非常重要的一点就是名如其人。

现在人们生了宝宝，会非常用心地起名字，不仅有自己构思、选出大量适合的字、在网上求助等方式，还更倾向于找专业的人帮忙。而成年人在出生的时候，大部分家庭对于名字的重视程度比较低，父母可能会用一些当时的流行字，或者国家大事、时间节点来起名字，对于名字是否适合一个人，是没有任何概念的。

因此，想改名的朋友，第一步要做的便是：找出适合的方向。这个步骤涉及一些传统文化和理论，且每个人的情况不同，较为复杂，所以不能一一展开，简单来说，就是根据名字主人的出生时间以及出生地来找合适的起名方向。

中国追求"和"与"平衡"，所以一个合适的起名方向，就是让自己变得更为平和与平衡。比如，出生在寒冬的人，改名时可以用一些温暖、阳光类型的字；自身执拗、不善变通的人，改名时可以选用一些灵活、有变通含义的字。

2.— 明确其他要求

改名方向已经找好了，这个方向可以使用的字可能有很多，这个时候就可以结合其他的信息和要求，比如结合工作、名字使用的场景、喜欢的类型、想要的音律等。我将根据以下几个案例来展开说明。

实例一：

职业是IT软件开发的林先生，同时在做自媒体，想要一个跟自己行业相关的名字，希望能够体现出事业好。

"林小虎"改为"林开鸣"。

名字的灵感来自欧阳修《醉翁亭记》："日出而林霏开，云归而岩穴暝。"

开，打开、开辟。鸣，一鸣惊人，有成语"鸣珂锵玉"，意思是玉珂鸣响，佩玉铿锵，比喻显贵。名字给人大气之感，"开"字亦能呼应软件开发，也寓意名字主人思路开阔，工作顺利；鸣字有表达、闻名之意，希望名字主人能够在自媒体行业畅快表达，声名远播。

实例二：

希望自己的感情道路顺顺利利的田女士，期待未来生活甜蜜。

"田明艳"改为"田润宜"。

因为名字的主人生在夏季，给人感觉非常燥，很需要水，因此选用了"润"字。

润，滋润、使湿润，在人名中引申为滋润、恩泽、恩惠、富有等。宜，宜室宜家，形容家庭和顺，夫妻和睦。名字寓意名字主人性格平和，给人温润之感，未来与另一半相互滋养，感情甜蜜、生活顺利，结合姓氏更是象征田地有甘霖滋润，寓意吉祥。

3. 考虑名字主人情况

因为有些人想要改名，但是自己没有任何方向，只是不喜欢自己的名字或者名字的发音。那么我会综合考虑客户的性别、年龄、职业、身份地位，来构思一些符合自身情况或者体现期待与激励的名字。

实例一：

小周说不喜欢自己的原名，非常想改，但是因为要考研了，这时候改名会给自己带来很多不便，证件上面都不好更改，因此只想改网名。

我给她起的名字是：周向汀。

周姓同音"舟"字，很容让人联想到小舟向岸，所以结合了向字，一方面体现出积极向上的冲劲，激励小周好好学习、好好准备；另一方面也代表了靠向岸边的安稳与美好。

另一个字搭配了"汀"，这个字也有一点巧思，本义是水边平地，很符合小周想要上岸的期望，另外呢，汀其实也谐音"厅"，网民现在都很喜欢两个词"厅里厅气""局里局气"，和上岸、考公非常适配。希望小周能够努力上进，轻松、顺利地上岸，实现自己的梦想。

实例二：

有一个姓金且经历坎坷的朋友，自己的家庭、事业上都起起伏伏，甚至有些事情如果发生在我身上，可能我就没有再次站起来的勇气，但是他仍十分坚韧，心态特别好，每次见到他，都觉得人生还是充满希望，所以我给他起的名字是：金复来。

"天生我材必有用，千金散尽还复来。"每个人都有自己的价值和意义，黄金千两就算一挥而尽，也还是能够再得来。

所以即使深处低谷、悲伤难过，也千万不要绝望。有个成语，叫"否极泰来"，指逆境达到极点，就会向顺境转化。人生经历那么多困苦，钱财都已散尽，但是没关系，只要自己的精气神在，还是能够再次站起来。

成人改名的原则

了解完改名的步骤，想必面对一个要做更改的名字，你肯定已经有了自己的思路。那么我再来介绍一下，成年人改名的一些基本原则，从微调到重度，帮助你轻松决定要改的名字。

1. 微调改名

这一条原则非常简单，即根据原名做出最小的变动，变字不变音。这种方法，使得改过的名字与原名同音或相近。因为有些名字只是用字不够恰当，只要简单更换，便能获得一个很好的名字。

比如著名作家贾平凹，本名贾平娃，陕西话中，这两字同音同调，改字不改音，意境却有天地之别。他本人认为"凹是吃亏，吃亏是福；凹是器皿，盛水不漏；凹是谦下，虚怀若谷……"

另一位先生，原名王止祥，他个人很喜欢祥这个字，因此想要保留，所以改名为王至祥。

改名原因："止"有终止，停止之意，"止祥"，终止吉祥，名字寓意十分不好。故而将"止"改为"至"，到达、最佳之意，寓意名字主人能够发挥自己最好的水平，达到最吉祥的境况。

2. 轻度改名

对于字意不佳或者不喜欢的字，可做小程度的变动，只改动姓名中的一个字，这种方法就是轻度改名。

比如我之前遇到的一个小朋友，原名刘子达，想要改名字，是因为名字有谐音，总是被同学和小朋友取笑或者起外号，叫他"瘤子大""大瘤子"。因而他非常不喜欢自己的名字，感到很困扰。

不过，虽然家长想给小朋友改名，但是并不想大改，所以我就采用了微调改名的原则，为他改名为：刘允达。

之所以换掉"子"字，一方面是前几年 zi 的读音大流行，另一方面是与刘姓相连，确实容易产生谐音。名字保留了"达"字，有通达、顺畅之意，另外搭配了"允"字，允的本义是诚信，引申为答应、许可、公平，用在名字中简约别致，整体有正直大气之感，颇为阳光开阔。笔画还是很简单，也避免了谐音不好的问题。

需要注意的是，轻度改名，改掉的应该是名字中有问题的字，就像刚才所举的例子，需要改"子"而不是改"达"。除此之外，还有单字名改名，除了改字之外，还可以增加一字，让名字的寓意更丰富。比如杨雪，可以添加一字，改名为杨雪飞，有一种大雪飞扬的感觉。

3. 中度改名

由于每个人的情况不同，因此在改名时，有些名字需要做较大的变动，比如名字中的两个字与原名截然不同，但是表达的意思是相似的。

实例一：

玉婷，如纯净美玉，亭亭玉立，优雅美好，其实也还算一个不错的名字。但是林玉婷想要一个更好看、更别致的名字，最好大气一些，因为自己不是小家碧玉、温婉柔和的类型，比较偏向女强人，所以觉得"玉婷"这个名字不太适合自己，也不喜欢把名字告诉他人。

因此我为她改名为：林崧仪。崧，高貌，同"嵩"，山高大者自名崧，自有威严端庄的感觉，同时也比较符合她的个人形象，干净利落，坚毅果敢；搭配的"仪"字，有仪态万方的意思，与亭亭玉立相似，代表着姿态的优美，但是更为大方。

实例二：

"白雪"改名为白栀予。

这两个名字其实都非常简单，姓白，想要姓名一体的名字，有很多人会选择白雪、白冰、白静这类名字。但是"栀予"其实同样表达了洁白和纯净，不仅名字更特别一些，仿佛还带有栀子花的清香，搭配的"予"字，代表着"赠人玫瑰、手有余香"的慷慨。

实例三：

一位年轻的先生原名是王来福，改名为王嘉瑞。改名原因："来福"这个名字寓意很好，不想失去这种好的祝福，但是作为成年人的名字，尤其是有点身份地位的，显得格调偏低，不够雅致。

故而改名"嘉瑞"，"嘉"有美好赞许之意；"瑞"是吉祥的意思，与"来福"的寓意相似，但是格调就高了很多。

4. 重度改名

有一些个别情况，就不仅仅是改名字那么简单了，甚至连姓氏也要改，这种做了很大变动的方法，是既改名又改姓。

比如言承旭，原名廖洋震。言承旭大家肯定都不陌生，他在《流园花园》中饰演"道明寺"，凭借这个角色一举成名，成为无数人心目中的"男神"。听到言承旭这个名字，人们第一反应是很特别，虽然"旭"字是 20 世纪八九十年代男性起名的常见用字，但是"言"姓还是为整个名字大大增色。随着时间的变迁，大家都把"言承旭"这三个字当成了他的真名。

现实生活中，除了花名和艺名以外，姓名都改的人基本是比较特殊的情况，比如父母离异改姓、被收养改姓等。当然也有成年人不喜欢自己的姓名，所以要改成自己喜欢的名字，但是这需要遵守我国的相关法律法规。

《中华人民共和国民法典》第一千零一十五条：

自然人应当随父姓或者母姓，但是有下列情形之一的，可以在父姓和母姓之外选取姓氏：（一）选取其他直系长辈血亲的姓氏；（二）因由法定抚养人以外的人扶养而选取抚养人姓氏；（三）有不违背公序良俗的其他正当理由。少数民族自然人的姓氏可以遵从本民族的文化传统和风俗习惯。

实例一：

原名刘浩，小时候就经常被开玩笑，大家叫他"溜号"（东北方言中通常指偷偷走开或注意力不集中的行为），高中毕业之后，未来打算从事演艺方面的工作，所以想要改一个洋气的名字，一听就是个帅哥的感觉。同时，姓氏想要改为奶奶的姓氏"唐"。

我为他改名为：唐宣熠。考虑到他自述阳光开朗、未来想从事演艺行业，所以我才用了"熠"字，光耀、鲜明的意思，希望未来星光熠熠，大放异彩；搭配的"宣"字，有发表、宣传的意思，也是参考了他的整体情况，开朗大方、乐于表达，期待他能够被人宣传、知晓，实现自己的梦想。

实例二：

一个小朋友，他的原名刘耀祖，我为他改名为楚文轩。

改名原因："刘"为父姓，"楚"为母姓，父母离异，想要改为母姓。同时，"耀祖"颇有年代感，他更喜欢文艺的名字，想要飘逸潇洒一些，故而改为"楚文轩"，文质彬彬，器宇轩昂，搭配"楚"姓，字音读起来流畅动听。

后记 *afterword*

名字与人生的奇妙缘分

　　写完《人生一名》的最后一个字，窗外的夜色已深，合上电脑，十三年的起名生涯如走马灯般在眼前流转——那些绞尽脑汁的深夜、灵光乍现的清晨，以及和很多父母共同讨论名字的过程，都化作这本书里的一笔一画。

　　十三年前，当我第一次为朋友的孩子取名字时，尚未完全理解名字的重量。后来见证朋友的孩子长大，才惊觉名字如同埋藏在命运里的种子：它不决定人生的轨迹，却始终以其独特的寓意、读音与形态，默默滋养着一个人的气质。

　　有位改名前总是自卑的女孩，在改名后竟逐渐敢站上演讲台——她说改名之后，每一次自我介绍都在提醒自己，朝着自己理想的生活去迈进。这或许就是名字的玄机：它不创造命运，却能用最温柔的隐喻，唤醒人心中本就存在的力量。

　　整理案例时，常有感悟——每个名字背后，都是父母对生命的理解、对世界的认知。而这本书的诞生，同样是一场漫长的"起名"过程：如何把口耳相传的经验凝练成体系？怎样平衡传统与现代的不同审美？哪些案例可以获得被公开的授权？……

感谢恩师崔国文教授的认可与鼓励，让我相信我在此领域似乎确有可为之处；特别致谢所有允许我公开案例的客户，你们的故事让理论有了温度；感谢天一对这个项目的推动，如果没有她，我甚至没有想到可以把这些经验梳理成书；感谢焕新对书稿的梳理与打磨，我们一直是拥有共同知识与理念的工作伙伴；感谢张艳霞、梁媛两位老师，以"给孩子起名的严谨"对待每一个章节；感谢丝雨、金菁，为这本书的完整付出了很多努力。

书中若有疏漏之处，万望各位读者海涵，起名之道如人生，永远有未尽的可能，我也期待在未来能不断丰富、完善此书。

此刻夜阑人静，看到女儿"小知"熟睡的脸，亦让我回忆起给她取名时的种种构思。

先生姓林，一个本有含义又带点文艺气息的姓氏，我想过浪漫柔美的林若卿，想过诗意温柔的林风晚，想过大气雅正的林婧乔。最终，还是决定保持初心，取个"小"一点的名字。

一直以来，我都很喜欢苏东坡的《洗儿诗》

人皆养子望聪明，我被聪明误一生。

惟愿孩儿愚且鲁，无灾无难到公卿。

确定了这个思路之后，我开始留心相关的寓意和典故。某天看到《庄子·逍遥游》："小知不及大知，小年不及大年。"又看到《庄子·齐物论》："大知闲闲，小知间间。"小知这两个字就印在了我的脑海里，终于决定了孩子的大名就叫：林小知。

原因当然有几点：

首先，"知"是我一直以来很喜欢的一个字，希望她有求知的精神。

其次,"小知"指小智慧、低层次的智慧。作为词语,甚至有些贬义,但这也是一种提醒,不可太过骄傲。

最后,我喜欢用简单的字,希望孩子不要背负太多,能够拥有简单的快乐。

家长在起名之时,都期待名字能够全然圆满,十全十美。但世上本无完美之事,名字可以表达期许,可以表达提醒,也可以表达祝福。它是父母送给孩子的第一份礼物,这礼物不在于是否完美,用心即可。

或许某天,林小知长大后,也会好奇自己名字的来历。若她能翻开这本书,便会知道,在某个平凡的日子里,这是父母为她的人生,郑重写下的第一个祝福。